もの想う　こころ

生きづらさと共感
四つの物語

村井雅美
Masami MURAI

木立の文庫

プロローグ

——記憶の彼方に秘められた……

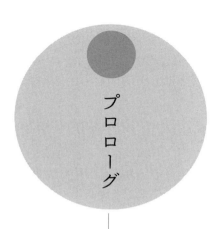

私はなぜ、幸せや不幸のことを考えるようになったのだろう？＊

振り返ると、結局それは、家族が病気になったことや大学時代に二人の全盲のクラスメイトに出会ったことがきっかけだったと思います。

クラスメイトの一人は友人に囲まれ、キャンパスライフを自分らしく生き生きと過ごしていました。目が見えないという動かしがたい現実も、他者との関わりの豊かさのなかで、それほど大きな不幸にはなっていないようでした。もう一人は、いつも孤独で、誰も彼女の抱える困難には手を差し伸べず、その苦渋に満ちた表情からは、大学生活を楽しんでいるようにはとても見えませんでした。

同じ病気や障がいを抱えていても、幸せに生きている人がいる反面、不幸な人がいるのはどうしてなのか。そう思ったことが始まりです。

みなさんも、病気になられたことがあるでしょう。病気を抱えながら懸命に日々を暮らしておられる方もいらっしゃるでしょう。

＊私はアメリカの大学院から一九九三年に日本へ帰ってきました。その後、「臨床心理士」としての二十数年間の出会いが、これから物語られることになります。

病気になると、こころも元気がなくなります。*　身体の痛みやしびれ、倦怠感、その他さまざまな不調が続くと、こころも、そのことばかりを考えるようになり、不安に押しつぶされそうになります。自分の身体の状態にばかり関心が向いて、他の人や他のことについては、ほとんど考えられなくなるのです。

そのようななかでも、他の人が自分の病苦や痛みや恐怖に対して関心を向けてくれる時には、少しばかりその人に応じることができますが、そうでない時には、「自分の苦しみを誰もわかってくれない」と、こころを閉ざしてしまうことになります。*

かつてW・ブッシュという人が、歯痛を患った自分の姿について、こう言ったそうです*――「奥歯の小さな穴ひとつに心が詰まっている」と。

そんな風に、病気になると私たちは、病気のことでこころが一杯になってしまうのです。

不思議なことに、何かのきっかけでこころが元気になってくると、病気も少し良くなったりします。自分の病気について知り、治すための工夫や努力をしようと思えたりするでしょう。完全には治らない病気であれば、どうすればそれを抱えつつ人生を有意義に過ごせるかを考えるでしょう。

＊病気が長引いたときのこころの状態について――『からだの病いとこころの痛み』（木立の文庫）以下※、五二頁～参照。

＊病いは人と人の「つながり」に影響します――※前半：第二章を参照。

こころと身体はそれだけ密接に関わっているといえます。
病気に罹った時にこころを平静に保つのは、とても難しいことです。瞬時にその現実を受けとめ、自分や家族のそれから後のことを冷静に考えられる人は、稀なのではないでしょうか。病気になったとき、絶望や不安や恐怖がこころを襲います。どうなっていくんだろう。信じられない。なかったことにしたい。どうして自分がこんなに苦しまなくてはならないのか。死んでしまうんじゃないか。こんな状態で生きていけない。

そう思います。

家族もそうです。

たいてい医師は、患者を前に淡々と検査の結果を示し、診断し、病状と予後を説明し、治療方針や、代替治療を示します。そして、これから患者が受けようとする医療行為について、その目的・方法・結果・危険性などを説明して、患者の同意を得ます。*

その時、患者やその家族は、説明する医師の声を聞きながら、こころのなかでさまざまな思いを抱くでしょう。その後も、病気を抱え闘病しながら日々こころが揺らぎます。

*インフォームド・コンセントの考え方が浸透してきました。患者や家族が「病気を抱えたこと」について共有するために……。
同様に、その現実にまつわる情緒的共有を〝こころの深み〟で目指す試みが、本書で語られていくことかもしれません。

では、病気があるとわかった時、その現実を受け入れ、立ち向かおうとするこころはどのように得られるものなのでしょうか。

そこには何が必要なのでしょうか。

それは、一緒になって、病気を抱え苦悩する自分を理解しようとしてくれる、そんな人が一人でもいてくれることだと私は思うのです。そうすれば、病気を抱える人は、自分の状態を正しく理解し、病気に立ち向かうこころをもつことができるのではないか。病気を得るという不幸が、とてつもない不幸にならないで、抱えやすくなるのではないか。そんな風に思うのです。


言い換えれば、病気をもつ人やその家族にとってのいちばんの苦しみは、その不安や苦悩を「理解されない」ことにあるのではないだろうか……。


そんなことを考えながら研究を続けるうちに、私は、もっと幼少期に病気を体験した人のことを考えるようになりました。

小さい頃の体験は〝記憶の彼方〟にあります。でも、そのはっきりとは覚えていないような体験が後の人生に大きな影響を与えている。そう考えざるを得ない人と、心理療法*の場面で出会うことが多くなりました。

　実際の心理療法の過程で、それぞれの人の、記憶のはるか彼方にある情景が浮かび上がり、その理解が患者と私のあいだで共有できると、治療が進展したのです。


　そのとき「共感」は深まりをみせます。そして患者の抱えていた生きづらさは、少し軽減されることになったのです。

　私はそんな不思議な体験を、一般の読者にも知って頂きたいと思いました。知って頂くことで、病気そのものの体験の周囲に築き上げられたもうひとつの不幸を軽減できないだろうか、あるいは少なくとも、もうひとつの不幸を軽減できるという希望を示せないかと思ったのです。


〜〜〜〜〜


　この本は、四つの物語から成り立っています。

　第一話は、生後三ヵ月の時に先天性股関節脱臼*を患っていることがわかった女子学生の話です。第二話は、常位胎盤早期剥離という、妊娠中に母子ともに生命の危機に

*こころのケアには、多様な立場で多様な職種が携わっています。臨床心理士の活躍は息長く、公認心理師制度も始まりました。

　心理療法は、こころの専門家に委ねられた支援法のひとつ。そこにも多様な考え方や方法がありますが、この本では「内面」を大切に扱う関わり方が描かれます。

　人と人のあいだの「こころの動き」が紡ぎ出す〝四つの物語〟を味わって頂けましたら幸いです——本書での〝物語〟にさらに深く耳を傾けるには『からだの病いとこころの痛み』〔木立の文庫〕を参照

さらされた女の子の話です。第三話は、幼少期からてんかんのある女性の話です。そして第四話は、母親が精神病を患っていた女性の話です。

いずれも、病気という現実の周辺に〝生きづらさ〟を抱えざるを得なかった人びとの話です。

病気は直ぐに〝苦悩〟や〝生きづらさ〟と結びつきます。誰かの理解がなければ、患者は孤独に陥り、その苦悩や生きづらさは増幅し、こころは更なる不幸を抱え込むことになります。私たち「こころの専門家」、とくに医療に携わる臨床心理士の仕事は、そんなところにもあるのではないかと思うのです。

最後にエピローグとして、私が思う「こころの専門家」の仕事について、四つの物語の解説を交えながら書きました。

こうして考えてみると、私は人びととの出会いと交流に導かれてきたのだと気づきます。

そこで教わったことを綴ったのが本書です。

*現在では発育性股関節脱臼とも言われる病気です

本書に収められた〝四つの物語〟の背景には、機微に富んだ心理臨床現場での体験と思索が積み重なっています。そうした先達の知恵と著者の呻吟が縦横に紡ぎあわされた書籍が、本書と同時に刊行されます――『からだの病いとこころの痛み』〔木立の文庫、二〇一九年〕。

本書の〝四つの物語〟にいくつかの補助線を引くことで、「もつれた不幸」をほぐすヒントを読者とともに探します。――そうしたことから本書では【脚註】の随所で、きょうだい本『からだの病いとこころの痛み』での探究の一端が案内されています。

もの想う　こころ

生きづらさと共感　四つの物語

photograph by Mika Endō

第一話

明日香

――名づけられなかった声

その相談室は石畳の路地の奥にあった。

昔ながらの引き戸を開けて入ると、受付と事務室が一階、面接室は階段を上がって二階にある。隣近所は普通の民家だったから、明日香との約束の時間には、どこからともなく夕飯の支度の匂いが漂ってきた。ポツポツと玄関灯が点り始め、最寄り駅からの通りには家路を急ぐ人びとの靴音が響く。夕刻は相談に訪れる人が多い時間帯だが、相談室のなかは静かだ。

三年ほど前から学校にまったく行くことのできない彼女が、その相談室に毎週欠かさず心理療法を受けに来るのは不思議だった。学校は二学期が始まっていた。

『友達に嫌われている気がします』

そう言って明日香は学校を休んでいた。

その頃、不登校児童や生徒の増加が深刻化して大きな社会問題となっていた。十万人を超える児童・生徒が不登校になり、国も対策が必要だと動き出した。子どもたちが不登校になる理由もさまざまで、いじめられて学校に行けなくなった生徒もいれば、学校の先生とのトラブルで行けなくなった生徒もいた。明日香のように、はっきりした理由や原因がわからない生徒も沢山いた。

「不登校」は近年の特異な現象だ。というのも、私が子どもの頃には、不登校生は存在しなかった。いや、本当は気づかなかっただけかもしれないが、誰もそういった児童・生徒の存在を認識することはなかった。学校を休む理由は病気や怪我と決まっていた。

そして、明日香が不登校になった頃の、不登校生への一般的な対応といえば、「登校刺激」を与えることだった。要するに、親も担任もなだめたりすかしたりして登校する気持ちになるように働きかけ、登校してくれれば学校で居心地よく過ごせるように、保健室や相談室あるいは校長室など別室を提供した。そうすることで、どれだけの児童・生徒が登校するようになったのだろう。小さい頃からずっと学校で人生のほとんどの時間を過ごしてきた教師たちにとっては、学校に来ない生徒は相当に不可解な存在であったにちがいない。

当時、私は臨床心理士の資格を取ったばかり。とにかく話を一生懸命聞かねば……と思っていた。相談に来る人がなぜ苦しんでいるのか、何を悩んでいるのか、そしてどうすれば助けになるのか、知りたかった。ところが厄介なことに、人のこころは目に見えない。どれだけ深く傷ついているのか、どれだけの手当が必要なのか、自分に対応できるのか、少し話したくらいではわからない。

私は日々、緊張していた。そういう自分を隠して専門家らしく振る舞おうとした。日常会話で為されるコミュニケーションと、専門家として会うこととの違いさえはっきりしなかった。ただ集中して話を聞くべきだと思い、話される内容を一言も漏らさず聴こうとした。話のなかに出てくる登場人物やその人たちとの体験を、本人が感じるままに受けとめることが大事だと思っていた。

〝共感〟――その人の身になって感じること。心理療法を担当する際には必須の技術だと教えられた。そう教えられはしたけれど、どうすれば〝共感〟することになるのかは判然としなかった。

だから、毎週、相談室で明日香のような生徒を前にして、私は困惑した。「登校刺激」は、これまでさんざん親や先生がしてきたことだと思い、彼女にするのはやめようと決めていた。アドバイスを伝えるのも、なんだか違う気がした。学校に行きさえすれば周りの皆が安心することくらい、彼女はわかっている気がした。

彼女はにこやかに愛想よく『家で勉強しています』と私に話した。学業は優秀だったのに、気持ちを聞いても『嫌われている感じがします』『一人になるのがイヤなんです』としか言わなかった。

いや、言えなかった。この「自分の気持ちを言い表すことができない」ということが彼女の抱える問題の本質だとは、経験の浅い私にはわからなかった。*

彼女は祖父母と同居する裕福な家庭の出だった。末っ子で可愛がられ、なに不自由なく育ったようにみえるのに、なぜ不登校になって家にひきこもっているのか？　誰にもわからなかった。母親は困って、出産した病院にも相談した。しかし原因はわからず、彼女は病院に行くのを嫌がった。他人は単に「甘やかしているからじゃないか」「わがままなだけじゃないか」と思ったかもしれない。

母親は娘のことを「手のかからない、よく寝る子でした」「自分の子ではないのではないかと思うくらい良くできた子でした」と言う。赤ん坊が「手がかからない」とはどういうことなのだろう？　どの赤ん坊もそれなりに手がかかるものではないか？　と私は思った。それに、どうして両親のいる母屋ではなく、離れに祖母と住むようになったのだろう？　こういった問いは、彼女に尋ねることはなく、私のなかにしまわれた。

*子どもは「自分の感じる気持」に〝ことば〟を与えられることで、こころの発達がうながされます。

当然、記憶にはないが、生後三ヵ月のとき先天性股関節脱臼と診断され、それから一年三ヵ月ものあいだ、治療のために彼女は固定用ベルト*を装着していたらしかった。

◆ ◆

相談室に向かう石畳は、ひんやりとした冷気に包まれるようになった。つるべ落としの秋の日が瞬く間に過ぎ、隣家の軒下に植わっている南天の実が、気ぜわしい年末を予感させた。季節はそうやって移り変わっていくのに、思春期まっただなかの彼女との面接は、相変わらずわからないことだらけだった。

『学校で一人になるんじゃないかと不安です。自分だけ嫌われると思うんです』と彼女はいつも言った。別に彼女の同級生が意地悪をしたという訳でもなさそうだった。私には彼女がそう思う理由がわからなかった。

だから「こんな気持ちになるのかしら?」「こんなことがあったから?」と確かめたくなった。そう尋ねても、はっきり応えない彼女に、自分の気持ちがわからないって、どういうこと? 自分のことなのに……と思っていた。そんな風に少し批判的に思う

*固定用ベルトを装着した子どもを養育することの大変さ——『からだの病いとこころの痛み』(木立の文庫)以下※、後半:第一章を参照。

自分に、「〝共感〟できていないな」と感じて、落ち込んだ。半年ほど経つと彼女は、誰に言われたわけでもないのに、学校の保健室にある個室に行くようになった。

冬休みが明け、『しばらく連絡がなかった友達から連絡があって嬉しい』と彼女は言った。私ともしばらく会っていなかったから、会えて嬉しい気持ちがあるのだと思った。そう伝えてみたが、*彼女のこころには届かなかった。

『誰からも好かれたい。だから八方美人で、どんな人にも愛想をふりまくんです』。それから、複数の人の視線を感じると『自分が惨めな感じがするんです。哀れみだとか見下したような、かわいそうと思われている感じがして、とても怖くなるんです』とも言った。『夢にも、離れていく人がいつもいて……だから嫌われていると思う』『気づいたら違うところにその人はいて、あ、戻ってこないと思うんです。もともと優しかったその人の顔が、だんだん怒ったような顔になって、きついイメージになっていくんです』。そうして彼女はいつも「どうしたら嫌われないようにできるか」ばかり考えていた。

『だから自分の気持ちがわからなくなります』……。

*登場人物についての語りを「治療者との関係」についての言及と捉えた介入で、「解釈」のひとつとなります——※二八頁〜

一年経っても、私は明日香の気持ちがわからなかった。〝共感〟できない自分に苛立った。ときどきくじけそうになった。私の聴き方が悪いのかとも思った。もしかすると「自分の思いや悩みや苦しみを伝えることそのものが、人に迷惑をかけることになって、嫌われる原因になる」と思っているのかもしれない。そんな風にも考えた。

私とのあいだにこれといった変化はなかった。でも彼女はなぜか、保健室の個室から出て、自分から他の生徒と話すようになっていた。

ある時、保健室での話に入れそうで入れない時があったと話した。そして先生に『しんどいの？』と聞かれたらしかった。『そう言われて「あ、自分はしんどそうなんだ」と思いました』と言った。――「しんどいなぁ」と自覚して座っているわけじゃないのだ。自分の感じていることを表す言葉がまだないのだ。驚きながら、私はそう思った。《先生に言ってもらって初めて、自分の気持ちがわかったのですね》――彼女は肯き、にっこり笑った。

何度目かの冬が巡った頃のある日、路地裏の民家から美味しそうな大根炊きの匂いが漂ってきた。手間暇かけた夕食は、作ってくれた人のこころの温もりも合わさってより一層のご馳走になる。ちょうど空腹を覚える時間だ。

明日香はその頃よく、祖母と母親の三人で夕食をとっていた。『自分が何を食べたいかわからないのに「何、食べたい?」と母親や祖母に聞かれると、腹が立つ』と言った。

同じ頃、彼女は〈家のなかで人に追いかけられている〉夢をよく見た。追いかけられ、死にそうな殺されそうな恐怖で目が覚め、隣室で寝ている祖母の部屋の前まで立っていく。でも「起こすのが悪い」と、その恐怖を一人でやり過ごしていた。*

保育所に通う頃に寝ぼけてパジャマを着たまま風呂に入ったことも思い出した。兄に発見されなかったら『朝まで入っていて溺れていたかもしれない』『お風呂から自分で出ようとは思わなかった……』と話した。それから、〈五十代の女性や女の子に追い

*こころの世界がそのまま外界に実在化することを「転移」とも呼びますが、この時点で私は「転移」を扱えていませんでした。

かけられて逃げる〉夢を数日間立て続けに見て、『追いかけられ「もう駄目だ」と思ったときに、その人と仲良くなれて手をつないで歩いて行ったんです』と、夢の顚末を語った。*

面接日だけは父母と三人で食事をして帰宅していることもわかった。『お母さんに「苦しみを取ってほしい」って言い続けていたんですけど、言っても結局、かたまりがお母さんに行くだけで、捨てきれない。お母さんが怖くなるわけじゃないけど、漂っているだけで……。他人は吐き出せて、捨ててくれます』。

ほんの少し明日香のことがわかってきたように思った。私が自分の苦しみをどうにかしてくれている、と彼女が感じていることだけはわかったように思った。ただ吐き出させて捨ててくれる……、それだけで治療者としてよいのか？　という疑問も湧いた。

彼女は、学校での滞在時間や滞在場所を増やし、進学準備を始めた。そして、悩みを解決することを『急いでいるんです。ここに来ることをやめるかやめないかを考えています』と、せっぱ詰まったように言った。『素の自分を出すことは、ぜったい怖い

*夢が「こころのありよう」と深い関係にあることを明確にしたのは、S・フロイトでした。

です』とも言った。
学校に行き始めたのだから、問題は解決できたと考えることもできたかもしれない。ただ私には、彼女のこころに自分の確からしさというものが十分に育くまれている気がしなかった。

〝共感〟すること――支持的に接し、彼女の気持ちを汲み、その気持ちにいちばん近い言葉を探し続ける今のやり方では、うまくいっていない。そう思って途方に暮れた。これだけ会い続けても、彼女のことは、わかったようでわからなかった。彼女が語った夢のなかの人物のように、ただ彼女の気持ちが知りたくて追いかけ回しているだけではないか……と思った。何が食べたいのかわからない彼女に、何を食べたいのか聞き続けているだけだと感じた。彼女は私とのことを一体どう思っているのだろう？彼女自身が自分のこころというものをわかり、感じたことや考えたことを怖がらずに表現できるようになるには、私は一体どうすればよいのだろう？　そんなことがわからない自分が情けなかった。
私は考え続けるしかなかった。彼女が自分の「自然な気持ちがわからない」こと、わかっても「それを表現すると嫌われる」という怖さ、「一人になってしまう恐怖」を思った。
するとある時、ふと「固定用ベルトをしたまま、ひとり、竹藪近くの離れに寝かされていた赤ん坊」の姿が脳裏に浮かんだ。最初に母親から聞いたことだ。

　そのとき赤ん坊の明日香は、身動きができなかった。自然な欲動が内側から起こっていても、誰にも気づかれなかった。おなかが空いていること、おっぱいが欲しいこと、温もりが欲しいこと、抱っこして欲しいこと、おしっこやウンチでお尻が気持ち悪いこと。誰も、その瞬間の彼女の欲求に気づかなかった。そして言葉はかけられず、情緒は名づけられなかった。そばには誰もいない。その恐怖に泣くことすら、あきらめたのだ。固定用ベルトをはめ、畳の上に置かれ、動きたくても動けない。静まりかえった空間にただひとり寝かされているというのは、寄る辺のない赤ん坊にはとても恐ろしいことだ。そう思った。『どうしたの?』と聞かれたときには、赤ん坊はもう「手のかからない良い子」になっていたようだ、と思った。

　そう考えると、彼女が自分の気持ちがわからないこと、気持ちを伝える言葉をもたないこと、一人にされることに極端に怯えることが、すべてよく理解できるように感じた。

それから私はそんな理解を、自分のこころに抱きながら面接を続けるようになった。そうすると不思議なことに、明日香の話はわかりやすくなった。最初の頃に話していた〈離れていく人〉の夢も、腑に落ちるものになった。

自動車教習所に通い始め、教習所の先生とのやりとりを話した。『ギアを戻すのを忘れた時、「いま何をしないといけない?」とか「なにか忘れてるな〜」とか言われたら、嫌味に聞こえるんです。それで怖いって思って、グサッとくるんです』『そんなふうに怒られたら悲しくなります。理由はわからないけど目頭が熱くなってしまって。涙が目に溜まってくるんです』『それで「わたしって腹が立つ人なんだ」「前から好かれてなかったんだ」って思ってしまうんです。「だから〔人は自分に――筆者加筆〕きつく当たるんだ」と思います』『愛情をもって怒られたことはないです』。私は、彼女の傷つきやすさに驚きつつ、「怒られると、彼女は存在を否定されたように感じるのかもしれない」と思った。

家族旅行の話もした。気を遣って足の痛い祖母の荷物を持ってあげたけれど、それは別に祖母をいたわってのことではなく、他の家族がそうするのを見たからだと言う。

その一方で、普段、祖母から頼まれ事があると不機嫌になり、『自分が不機嫌だと、おばあちゃんのこころを弱める。「老人は可哀想」って感じがして、「もうすぐ死ぬ」って思うんです』と語った。

同じことは彼女のこころにも起こるのだろう。人から注意されたり怒られたりすることは、怖いし、悲しいし、こころ弱める体験になる。『涙が目にたまってきます』『自分は腹立つ人。好かれない人なんです』。そして彼女のなかでそういった心配が強くなると、「人から無視されるのではないか」「集団リンチに遭うのではないか」という怯えが強くなった。

彼女のこころのなかにはいつも「人から注意されないか、怒られないか」という心配があること、そういった心配がだんだん大きくなること、そして「ほんとうに無視されたら傷つくだろう」と思う彼女がいること、「現実にそうなってしまうかもしれない」と思うと怖くてたまらなくなる彼女がいることを、私は伝えた。

この理解は彼女に届いたようだった。『それがいちばん自分のなかにあると思います』と肯いた。

面接を始めて丸三年が経った。私も資格を取ってからそれだけの経験を積んだことになる。

〝共感〟するには、患者の立場に立ってその気持ちを汲み取れなくてはならないが、そこにもまた一筋縄ではいかない難しさがある、ということがわかってきた。患者自身も自分の気持ちがわからないことがあるし、私の想像を遙かに超える「無意識」*の語りがある。人のこころは奥深く、記憶の彼方に秘められた体験があるのだ。そして、その体験に思い至るまでには、長い時間の積み重ねがいる。

明日香は進学し、毎日通学するようになった。面接にも、母親と一緒ではなく自分だけで通うようになった。

『いろんな人と最初は話せても……「一人にならないか」と、あとで心配になります』『よくわからないけど、悲しいです』と、ポロポロと初めて泣いた。人前であらわすことができなかった奥深い寂しさと悲しみに、私は初めて触れた気がした。

＊人のこころ（感情・思考・行動など）、夢や症状を理解するため、無意識で語られている声に耳を傾けます――※四～五頁。

《友達がまったくいないのも、独りぼっちで嫌だけど、関わりができたらできたで、「また一人にされないか」という心配が起こってくるのでしょう》と私は言った。彼女は同じ悲しみをこれまでも感じていて、私にも感じていたこと、でもそれは今まではこころにしまい込まれていたこと、今回は私に伝えられたことを、私は話した。彼女が素直な自分の気持ちを表しても一人にさせられることはない、とも伝えた。

彼女は『先生にいつも会いたい』『いちばんに思ってほしいです』『先生にこの苦しいの、何とかしてほしいです』と言った。

私たちはその瞬間、確かにこころを通わせあうことができたと思った。

ただ、そんな彼女の感情は、ほんの僅かに垣間見えただけだった。『いつもつらいときには、自分の部屋で一人で声をあげたり泣いたりしています』* ——私は《いつもそうやって自分一人で、泣きたい気持ちをしまいこんでしまうあなたがいる。でも一方で、その苦しさをわたしにわかってほしいと思っているあなたもいる》と伝えた。しかし彼女は『考えていても変わらない』『人前で泣いても楽にならないです』と言うだけだった。

私は《楽になりたいけれど、「楽にしよう」とは自分ではなかなか思えなくて、どうしていいかわからないんですね》《私は一緒にあなたと考えていこうとしているのだけ

＊ここで明日香は「赤ん坊のときと同じで、今もその苦しみが癒えていない」と訴えています。

れど、なかなか一人にされる不安が消えないですね》と言ったが、彼女はすねていた。ここに来たいし何とかしてくれると思っているのに、『来ても、わたしの気持ちのなかが晴れない。はっきりわかる解決がない』と不満をぶつけた。

《すっと軽くなったり、こころが晴れたりするのを期待して、ここに私に会いに来るのに、そうはならないから、とても私にがっかりするのでしょう》と伝えると肯いた。私は《こころのどこかで「一度には解決とかしない」とわかっていても、そう願わずにはいられないあなたがいるようだ》と続けた。

しばらくの沈黙の後、彼女は面接に来ることの意味を問い続け、私に対する不満を言い続けた。

一方で彼女は面接の終了時間に、立ち去りがたい様子を見せた。そして『終わったあと、待ち遠しいのがある。終わったあとが次までいちばん遠い。前の日には「ここに来たい」と思って話しに来て、この時間が終わったあと「明日からどうなるんだろう」って思う』と語った。《ほんとうに……》と私は応じた。

私に対する繊細な気持ちを語る彼女に驚いた。それはちょうど、かつて赤ん坊の時に固定用ベルトを装着され、寝かされていた赤ん坊と母親との関係で起きていたことのように思えた。あの時、母親は何気なく遠くに去って行き、しかし彼女は寄る辺のないままだったのだ。*

ようやく、私は彼女のこころに出会えた気がした。独りぼっちで寝かされている恐怖。湧き起こる欲求はその名を与えられず、かすかな泣き声は届かない。

『「もっと気持ちをストレートに言ってくれていいのに」と先生に思われていると思います』『会話の練習をしなきゃダメですね』と、自分のことを自覚した。会えた嬉しさから思わず彼女が笑顔になったとき、私にもその嬉しさが伝わって来た。《私に会えて良かったなぁ、という笑いですね》――『たぶん、そう。会えて良かったなぁ、という……』と彼女はいっそう笑顔になった。ある時は『合宿に持っていく鞄が人と違っていたら、恥ずかしいと思う。悪く思われると思ってしまうけど、でも「きっとそれは自意識過剰で、じつは人にそんな思ってないかも」とも思う』と話した。《自分が持っていく鞄が人から悪く思われないか、とても気になるけど、そんなに気にする必要は実はないかも、と思う気持ちもある》と、彼女の気持ちが揺れ動いていることを伝えた。『そう悩みつつ、合宿に行くつもり』と応えた。

* 「現在における過去」が対人関係に反復されて、生きづらさにつながることがあります――※二〇三頁。

好きになった男子のことを話すこともあった。『ちょっとイヤなところも見えてきた』と言うので、私に会っていないときは、私が何でもかなえてくれる存在に感じるけれど、実際に会って話してみるとそうでもない。がっかりと思う気持ちと似ている、と私は伝えた。彼女は肯定し、その男子のイヤな面を言い続けた。

沈丁花の花の香りが、路地裏にも漂うようになった。大きな庭をもたない周辺の民家の軒先にも、季節を感じさせる種々の花々が鉢植えされている。丁寧に掃き清められた玄関先の石畳に、その家々に住む人のこころが映し出されているように思う。

面接を始めて三年と五ヵ月が経っていた。

明日香はたいてい、外で会った人たちとの出来事を話していた。そして、ついに話すことが「ネタ切れ」になった。『うまくしゃべれない、おもしろくしゃべれない。だから自分は人から好かれない』《……ここでもそんな感じがするのでしょう》と私が言うと、肯いた。うまく語れない自分にイライラすること、私にどこか腹が立っていること、そのことをちゃんと伝えられないと言った。自分の内面を語ることは、不慣れな彼女にとってとても苦しいものだった。

学生生活は無事に過ごせていた。

そしてついに、面接をいつ終わるのか？　と彼女は問うた。やっと少し交流できるようになり、「自分の気持ちがわからないことが、彼女の抱える苦しみなのだ」とわかってきたばかりだった。あいまいに答えながら、「これで終わってしまうのか」と私はとても残念に思った。

その次の面接で彼女は終了の話を出さなかった。寂しそうだった。言ってはみたものの本当に終わりたいと思っていたわけではなさそうだった。本当は寂しいけど、人前では泣けないし、人前で泣くと『相手が困るし、迷惑をかけ、嫌われてしまう』と言った。

私は《いつもそんな風に「相手が困る」と思ってしまうあなたがいる。ここでも、あなたが泣くと私が困るだろうし、私から嫌われるのではないか、と不安に思う。でも一人で泣くのは、とても寂しいこと。あなたが一人で泣いていると思うと、すごく寂しいね》と伝えた。じっと聞いていた彼女の表情は、穏やかになった。彼女のこころのなかにある、親密な関係を続けていくことへの不安と寂しさと切なさに、二人がふれあえた瞬間だった。

それから彼女は、辿々しくも、自分のこころのなかに湧き起こる感情を体験し、それを表現しても壊れない関係を私とのあいだで育んだ。涙を見せても、寂しさや悲しさを語っても、不満や腹立ちを言っても壊れない関係を繰り返しながら、私とのつながりを「安心できる確かなもの」として実感した。

その後しばらくは、終わりたいとは言わず「素になれるか、なれないか」が話題となり、面接の休みや面接中の対話と沈黙をめぐってのやりとりが、彼女にとって自然な自分を表現することにつながっていった。

そして「いつまでここに通うか」を再び問い、『いちど間隔をあけて来てみたい』と言った。面接開始から四年半が経っていた。不登校生でなくなって一年が経った。彼女は、人は人間として自分を嫌っていたわけではないとわかったこと、「ここに来ても、全体の解決にはまったくならない」が、以前と変わらぬ場所と私を確認し、学校での体験を語り、そして『たぶん終了にする。でもまたぜったい会いに来る』と涙した。
ようやく、一人になってしまうという怖れも少し和らいだのだ。
私のなかに、危なっかしい小さな子どもを送り出す親のような感覚が残った。

明日香のこころに私が「共感」するとは、どういうことだったのだろう。自分の気持ちがわからない、自分の気持ちを語れない彼女の話を一生懸命に聞くだけでは、彼女のこころに触れられなかった。彼女の身になって感じることも、私には困難だった。気持ちを表す言葉を懸命に探し出すということでも、彼女のこころに変化は起きなかった。

不幸にして、彼女は赤ん坊のときに身体の病気を患った。そしてそのこころにも「固定用ベルト」をはめていたようだった。この情景が私のこころに浮かんだときに初めて、*彼女の身体の不幸は治療されたものの、こころの不幸はず

*患者のこころにとって鍵となる「過去の情景」がセラピストのこころに浮かぶ瞬間があります——※二〇二頁。

っと治療されないままだったのだということが、私に実感を伴って理解できたのである。

そのことに私が思い至ったとき、治療は動き始めた。私たちのこころは行き交うようになったのだ。

人のこころに〝共感〟するということが、言われているほど簡単ではないことを私は知ったのである。

第二話　みちる

――絶たれた声

小児科外来で働き始めた私は、しばらくすると新生児集中治療室という、病院内でも特殊な場所に出入りするようになった。この時だけは白衣を着てマスクを着用する。足でレバーを操作して入口の扉を開け、洗面台で念入りに手洗いし、備え付けのペーパータオルで拭く。それからまた足でもうひとつの扉を開ける。そこには、私が知っている他の病棟とはまったく違う光景が、目の前に広がっていた。入っていくのに一瞬、足がすくむ。

初めて新生児集中治療室に入った時の衝撃は忘れられない。壁際には透明な保育器*が整然と並び、その周りを医療機器が取り囲む。モニターやベンチレーターの音が鳴り響く。

治療室の内側は、ぬくもりのある色調に整えられていて、助産師たちが手作りした可愛らしい切り絵が窓に貼ってある。メリーゴーラウンドが飾ってあるコット*もある。少しでも和やかな雰囲気にしようという配慮だ。

「それでも……」と、赤ちゃんの命が助かるか否かの瀬戸際に何の役にも立たない私は、独り思った。最新の医療機器からアラームが鳴り、医師や助産師が即座に対応している、そのものものしい雰囲気と慌ただしさと緊張感に、恐れを抱く。

*クベースともいいます。

*産婦人科や小児科で使用されている新生児用のキャリーベッド。

両手の掌を合わせればそこにすっぽり収まるほどの小さな赤ちゃんたち。そのうちの何人かは人工呼吸器をつけている。腕には酸素飽和度モニター、胸には心電図モニター、鼻にはミルクを与える為のチューブ、手や足にも点滴のラインが入っている。

保育器という透明なケース越しに見るその姿は、目を背けたくなるほど痛々しく、胸がぎゅっと苦しくなる。「自分が今この小さな命のためにできることは、何もない……」、そんな思いが幾度もよぎる。無力感に押しつぶされそうになる。「我が子の姿を前に、両親も同じ思いを抱くのではないか」、ふと、そう思った。

臨床心理士の私は、保育器のなかにいる赤ちゃんには触れられない。両親とは赤ちゃんの保育器の前で話すこともあるが、彼や彼女らが抱く思いに耳を傾けるのは、外来にある面接室の中だ。

そして、赤ちゃんに直接出会うのは、彼や彼女たちが保育器の外に出られるようになってからである。

私がこの新生児集中治療室*の卒業生である、みちるに初めて出会ったのは、彼女が三歳半の時だった。まだ生まれてからそれほど経っていないというのに、その苦難の歴史を物語るように分厚いカルテが目の前にあった。

ほんとうならおしゃべりが大好きな年頃だろう。みちるは言葉をまったく話すことができなくなっていた。辛うじて何か言おうとしても、はじめの音だけで……後の音が続かなかった。

母親は他にもつぎつぎと、心配を口にした。

ひどい駄々をこねること
奇声をあげること
頑固な便秘
おねしょをしたことがないこと
母親が出て行く時の怒り方が尋常ではないこと
過食すること

*NICU
Neonatal
Intensive Care
Unit

爪かみすること

保育園で表情なく一人ポツンとしていて緘黙児ではないかということ

みちるは、常位胎盤早期剥離という、母と子のどちらの命にも関わるような事態になってこの病院に緊急搬送された。生まれた時は早産、しかも低体重だった。仮死状態で呼吸障害もあった。

『分娩直後しばらく放置されていた』と語り、その後も『とても育てにくかった』と母親は私に告げた。

◉ ◉

低体重や早産で生まれる赤ちゃんたちは、実は日本で増えている。二〇一〇年以降その割合は横ばいだが、生まれてくる赤ちゃんの九・六%、約一割弱の赤ちゃんが低体重や早産で生まれてくる。医療技術が進歩して女性の体格も向上しているから、他の先進国では赤ちゃんの出生体重は増加している。そう考えると、日本の状況は特異的だ。厚生労働省のかかげる「健やか21」第一次計画*で悪化した二つの指標のうちの一つだ。

日本の乳児死亡率は一・九で、*世界でも有数の低率国である。赤ちゃんが生まれてすぐに亡くなってしまうことはごく稀なのだ。「命は、なんとか救うことができる。でも赤ちゃんは、満期までお母さんの子宮にいることができないか、とても小さく生まれてくる」――そんなことが現代の日本で増えている。そして生後すぐから入院して治療を受ける赤ちゃんたちが増えている。

つまり、病気を抱えたまま生きていく子どもたちも増えているということだ。必然的に、病気を抱える子どもたちを育てていく親たちも増えている。

マス・メディアに取り上げられるのは、それまで不可能だったことを可能にする医学の側面だ。今までは助けられなかった三百グラム以下の小さな赤ちゃんの命も、病気をもつ赤ちゃんの命も、現代の医療技術はたいてい救うことができる。


では、助かった赤ちゃんたちは、どんな人生を歩んでいるのだろう？ 治らない病気を抱えていれば、その病気とどう向き合い、家族と共に生きているのだろう？ そんなところには、あまり関心を向けられない。*

＊平成一三～二六年

＊出生千対

＊周産期・乳幼児医療とこころの支援がますます重要になります――『からだの病いとこころの痛み』（木立の文庫）以下※、前半：第三章を参照。

妊娠中に、あるいは分娩中や分娩後に重篤な生命の危機にさらされた母子は、その後、何の支援もなしに順調に生きていけるのだろうか？「命を助けるための医療的介入を受けた」という身体の記憶と、そのこころへの影響は考えなくてよいのだろうか？親子のこころは、成長に向けて自然に十分に行き交うようになるのだろうか？通常であれば、母子はすぐに対面して、その肌の温もりをお互いに感じ合う。そうできない母子のこころは、その後どうなってしまうのだろう？

お母さんの子宮から突然放り出された記憶
たくさんのチューブを入れられた記憶
痛い記憶
手術の記憶
死にかけた記憶
寄る辺のない記憶

母親自身の身体もこころも相当に傷ついている。

お腹のなかの赤ちゃんが突然いなくなった
すぐに我が子に会えない
抱っこできない
おっぱいをあげることができない
愛しむ気持ちを直に伝えることができない
助けてあげられない
何もできない

これらの目に見えない記憶は、こころの奥底に沈んだままなのではないか？　これらの記憶は、いつしか癒えるのだろうか？
皆、幸せに暮らしているのだろうか？

みちるは生後すぐから一ヵ月ほど入院した。
その後、母親は仕事で一、二週間、家にいないことが何回かあった。下のきょうだいを出産する時も入院して、彼女の前からいなくなった。彼女の吃音は、私が出会う一年ほど前、保育園を転園した直後に始まった。言葉の始めを引き延ばす、言いにくいときには顔を歪める、口だけ動かし声が出ない。同じ年、別の病気で一ヵ月間入院したときと、転園前の保育園に戻ったときは、吃音は少し軽減した。その後は、ひどくなったり、少しましになったりした。チックのような症状もあった。保育園に行き渋ることもあった。

そして来院する一ヵ月ほど前には、きょうだいが熱性けいれんを起こしたところに居合わせて、吃音が増悪したのだった。このとき両親は気が動転していて、彼女ひとりだけが五分ほど、家のなかに取り残されてしまった。

春の訪れを告げるツクシが川縁に出始めた頃の出来事だった。冷たい冬の空気に暖かな風が混じる。病院の周りにも新しい年度始めに向かう慌ただしさが漂い始めていた。寂しさと期待が勤務する人びとのこころにも入り混じる。

面接室で自己紹介しながら、私は新生児科部長から聞いた直近の出来事や、分厚いカルテに綿々と記載されている、彼女の生まれてからの苦難を思った。そんなことは尾首にも出さなかったが、自分に何ができるのかと不安だった。もちろん母親や医師は「吃音を治してほしい」と言っているのだ。そんなことが可能なのか？　二歳半から続く吃音の原因は何か？　そもそも、話せなくなっているこんな小さな子どものこころを理解することなど、できるのだろうか？　おとなの私が彼女に〝共感〟することなどできるのだろうか？

しかも、病院に臨床心理士は私しかいなかった。さまざまな思いが脳裏に浮かんでは消えた。しばらく母親とみちると同席で会ってみようと思った。

みちるは目がくりっとしていて可愛らしかった。初対面の私の前で、*青ざめて固い表情のまま、ずっと無言で、赤い救急車と思われる絵、お化けと泣いている風船の絵、赤でぐちゃぐちゃのなかに人らしきもの（おそらくママだろう）がいる絵をたくさん描いた。そして、ぬいぐるみにティッシュで包帯をして、ベッドに寝かしつけた。

赤い救急車が走り去り、三人の人と大便が描かれ、そこから少し離れたところにいる人の大きな顔がグチャグチャにオレンジと黒に塗りつぶされた一枚の絵には、特に胸を打たれた。その絵は、きょうだいのけいれん時に、その状況を目の当たりにし、同時に母親を突然見失った、彼女の衝撃と恐怖を如実に表しているようだった。

*親-乳幼児心理療法で治療者は主として支持的に、子どもと親の双方にアプローチします。

自分に現実に起こったことを実にリアルに表現し、伝えたがっていることに驚いた。その痛々しさにこころを動かされながら、私は、救急車が来たときにみちるが感じていた怖さについて彼女に語りかけた。

さらに面接を続けるとポツ、ポツと言葉が出てくるようになった。

彼女は、母親に絵本を読んでもらいたがった。* ところがなぜか母親は、「自分の趣味の絵本ではない」として応じなかった。

不思議だった。たいていの母親は小さな子どものリクエストに喜んで応える。何か言わなくてはみちるの気持ちの発露を台無しにするような気がした。母親がなぜそう言ったのかも気になった。

《お母さんの読んであげたい絵本と彼女の読んで欲しい絵本とが、違うみたいですね。でも読んであげてみてください》。母親は、それには素直に応じた。

梅雨が明けようとしていた。雲のあいだから強い日差しが覗き、木々の緑は深みを増していく。小さな子どもを連れての通院も少し楽になる季節だ。

週一回の母親との通院は、みちるにとってとても大切な時間になっているようだった。持病の方も落ち着いていた。

*『うんちがぽとん』という絵本でした（アンナ・フランケル著＆イラスト／さくまゆみこ翻訳、アリス館、一九八四年）。

文頭の引き延ばしや繰り返しがあったけれど、「みちるはうんこ出ない」と彼女は少し話せるようになった。

私の都合で二回、面接がなかった次の面接のことである。

ぬいぐるみがティッシュに埋もれて見えなくなり、『お、お母さん行ったから泣いてる。と、遠いところに……』と、みちるはつまりながら言った。そして、そう語りながらクレヨンで絵を描いた。

私は、母親が彼女の前から行ってしまった時を思った。そして私が彼女の前から行ってしまった前の二回のことを思った。とても大切な人を見失ってしまった彼女の悲しみを思って、とてもこころが痛くなった。

みちるは人の絵を描くことが多くなった。その口はいつも曲がり、べーと舌を出していた。母親やきょうだいの絵は描くけれど、自分の絵は描かなかった。たとえ描いても、黒でグチャグチャに塗りつぶされた。

彼女のなかの「他の家族との関係」を表しているこれらの絵を見て、そのこころの痛みを思った。同時に、絵を見ている母親の気持ちも気になって、私は彼女にまったく介入できなかった。私が彼女の気持ちを考え、彼女の身になって感じようとしていることを伝えたかった。でも、そうすることは母親のこころを傷つけるような気がした。

彼女は母親に絵を描いてほしがった。かくれんぼをして自分を見つけてもらいたがった。

『こんな見え見えの遊び、つまんない』母親はそう言った。

気持ちが行き交わない……。

私にはみちるのがっかりした気持ちが伝わってきて、二人の狭間で困惑した。どうすれば、この二人の間を取り持つことができるのだろう。

『お母さんに見つけてもらうことが彼女には大切なのでしょう』——なんとか気を取り直して伝えた。

面接を開始して一年が過ぎようとしていた。草木が萌え芽ぐみ、民家の軒下にツバメの姿が見かけられるようになった。梅や早咲きの桜に誘われて人びとはお花見に出かける。人のこころも明るく解放的になる季節だ。

みちるは、つかえながらも赤ちゃん言葉でよくしゃべるようになった。ぬいぐるみを母親にあやしてもらいたがり、甘えた。

彼女の母親を求める気持ちが、ひしひしと伝わってきた。

まだまだママの赤ちゃんでいたいと思っていること。ママにはまだまだ一杯お世話してもらいたいこと。彼女の気持ちを私は代弁した。


赤ずきんのプレイが続く。

赤ずきんの家の周りをウロウロし、赤ずきんをおおかみから守ってくれるヒーロー（彼女が担当した）がいた。赤ずきんとお母さん（二人とも母親が担当した）は、やがて彼に食事や家を提供するようになった。

ヒーローは独りぼっちだった。お父さんとお母さんは死んで、すでにこの世に存在しない。何ともいえない胸を締めつけられるような寂しさが、面接室中に漂った。それを知った赤ずきん（母親）は『寂しいね。じゃ、一緒に暮らさない？』とヒーローに言った。

家に一人取り残されたとき、みちるは同じ思いを抱いたのだろう。面接室のなかで母親は、彼女の気持ちを受けとめた。

彼女はこの頃から面接中に毎回、母親に付き添われてトイレに行き、大量の尿や便をするようになった。*

こうして私は、面接のなかで汲み取れる彼女の気持ちを出来る限り解釈し、母親に伝え、母親の行動に介入した。

《ママに絵本を読んでもらいたがっている》《ママに見つけてもらいたがっている》《まだまだママの赤ちゃんでいたいと思っている》などと彼女の気持ちを代弁した。それから今度は、彼女に対する母親の様子を見て母親の気持ちも言葉にした。《ママの読んであげたい絵本とは違うようですね》《この部屋でかくれんぼしても、ママには彼女が丸見えですものね》《ママにとっては、きょうだいがいる彼女は、もうお姉ちゃんですね》。

さらに《でも、読んでもらえると、彼女は嬉しいでしょう》《ママに見つけてもらうことが、彼女にとってはとても大事でしょう》《ママにまだ一杯お世話をしてもらいたいのでしょう》と、彼女と母親のあいだをつなぐように介入した。

*セラピストに出会う遙かに以前から～おねしょをしたことがなく、ひどい便秘を抱えていました──※一三四頁。

しかし、私のなかにある違和感が大きくなっていた。「この母子のあいだに横たわるギクシャクした感じは何だろう?」「この気持ちが行き交わない感じは、何なのだろう?」そんなことが気になっていた。

おそらく、きょうだいの熱性けいれんの時に、彼女が母親との関係で感じた隔たりだ。突然目の前で起こった訳のわからない出来事に遭遇して、彼女は衝撃を受け、恐怖に怯えただろう。その衝撃と怖さに圧倒され、救いを求めた先には、両親はいなかった。ひとりポツンと家に取り残された自分を発見した時の言いしれぬ恐怖は、どれほどのものだったろう……。

その思いは届かないまま、家の〝内側〟に置き去りにされた。

このとき不幸にして両親の注意と関心は別のところ、すなわち家の〝外側〟にきょうだいの熱性けいれんをなんとかしようと救急車で病院に運ぶことにあった。

家の〝内と外〟に分断されたこのあり方は、現在もなお、気持ちや、うんちや、おしっこを母親に排泄できない、自分の〝内側〟に留まらせたままにしておかざるを得ない彼女の状態と、さまざまな日常の緊急事態によって関心が彼女ではない〝外側〟に向き、そのつど罪悪感が刺激され彼女のこころを受けとめられない、両親の状態を表しているのではないか。

それは、致し方のないことではあるけれども、彼女にとっては過酷な体験となっていて、この関係性は修復される必要があるのではないか。そんな風に私には思えた。そして私の試みは、彼女と母親を目前にして、その分断された関係に橋渡しするように直接介入し、少しでも行き交うこころを取り戻せないかと考えて紡ぎ出したものだった。


母親に参加してもらいながらするプレイは、みちるにはとても大事なものだった。一方、母親は居心地悪そうだった。苦痛や罪悪感を感じている様子が、痛いほど伝わってきた。母親は彼女の「受けとめてほしい」と思う気持ちを受けとめられずにいた。そうできない自分を私に「責められている」と感じていたのかもしれない。*

みちるのこころを代弁することが母親にとってより一層の傷つきになるのではないか、と心配した。母親には母親の、その場では語れない、しかし受けとめてもらいたい思いがあるのかもしれない、とも感じた。

私は、いろいろ考えた末、治療設定を変えることを提案した。彼女と母親はその提

*病気の子どもを持つことにまつわる母親の傷つきに思いを至すことは、とかくあとまわしになりがちかもしれません――※前半：第二章。

案をすんなり受け入れた。
みちるだけと精神分析的プレイセラピー*をしていくことにしたのだ。

また春が巡ってきて、みちるは病院に来る途中に見つけたタンポポや菜の花をときどき私にプレゼントしてくれた。

彼女とのセラピーの間、母親はすぐ近くの待合で待っていた。
彼女は『お母さんいるか、見ていい?』と、面接室の外の母親をいつも気にした。《お母さんがどこかに行ってしまうんじゃないかと心配なのね》と言いながら、ドアのすぐ向こう側にいる母親がいなくなってしまうと本気で心配する彼女に、私は当惑した。
赤ずきん遊びのなかでも、相手を見失った時、その相手は死んでしまったのか?と彼女はよく聞いた。《「姿が見えなくなってしまうと死んでしまったのではないか?」と思うのかもしれない》と、この時も私は彼女に伝えた。

*遊戯療法とも呼んで、年齢を考慮した遊具や遊びをとおしての心理療法です。

ときどきは滑らかに話せるようになっていた彼女は、家で怖くて眠れない話、真夜中にうんこが出る話、保育園で怒られるのが嫌でよい子にしている話をした。そして鬼の絵を描いた。

前の保育園でミルクが飲めなくて怒られたことも話した。今の保育園ではミルクが好きで飲めるけれど、家では飲めないと言う。ミルクが好きな時はミルクが飲めるけれども、好きではない時には飲めないようだ。飲めるか飲めないかは彼女の気持ちと関係があるようだと、私は伝えた。

母親の都合とみちるの病気で四回キャンセルが続いた次の面接で、彼女は『ティッシュの先生（と私は呼ばれていた）の顔、覚えてた』と言った。そして、ぬり絵を私にプレゼントしようとした。

それから恐竜や、女の子の絵を描き、私の絵を描いて『間違えた』と幽霊の顔を描いた。私は、この一連の彼女のプレイに、私の姿が見えなくなった期間に、彼女のこころが何を感じていたかを知った。こころの拠りどころを失った彼女を思い、痛々しかった。会わないあいだに私は怖い幽霊になっていたのだ。* 同じことは、きょうだいの熱性けいれんの時に起こっていたのだ。

「会えなくて私が寂しい思いをしたのではないか」とみちるが気遣いプレゼントしよ

＊赤ん坊にとっての「悪い対象」が、私とのあいだに現れています――※前半：第二章。

うとしたこと、それはまた「彼女が私に会えなくて寂しいと感じていた」ことでもあること、会えなかった期間中、「私が彼女のことを忘れてしまったのではないか」と心配になったことを、彼女に伝えた。

それから、ずっと前に父親と母親の姿が見えなくなって彼女がどんなに怖い思いをしたか、同じように私と会えなかった時も私が怖い幽霊になってしまったと感じたのだろう、と彼女に話した。

すると彼女は、ママがいなくなって独りぼっちの子どもの話をして、時間途中でママがいるかと待合を頻繁にのぞいた。この頃から、面接中におならをし「うんこが出た」と報告し、母親が怖がらせるので余計に緊張して夜、眠れないと言ったり、欲しいものを買ってくれない母親に対する不満を言ったりするようになった。

彼女はお化けの絵をたくさん描いて、『それはお化けでなくママだ』と言った。

そしてプレイのなかのママは、ときどき、ふっといなくなった。

私は「母親がいなくなること」によりいっそう注意深くなった。

彼女は、捕まって出られなくなり、怒って大きな口を開けている恐ろしい女の人を描いた。『鍵が見つからない。赤ちゃんから離されて会えない』と話した。これは、とても強い印象を与えるものだった。

彼女は生まれたときの状況を伝えているのだろうか？
そのときのことを覚えているのだろうか？
そんなことがありえるのだろうか？

にわかには信じられないけれど、母親とみちるが、未だ離れる準備が整っていない心身の状態があるにも関わらず離れ離れにならざるをえなかった状況が、今ここにあるのかもしれない、と私は思った。『鍵が見つからない。赤ちゃんから離されて会えない』彼女は確かにそう言った。

実際、彼女と私は面接室（＝保育器）の〝内側〟におり、母親はドアを隔てて面接室（＝保育器）の〝外側〟にいた。私（＝当時は医師）によって母親と彼女は別れさせられ、赤ん坊に会うための鍵は見つからず、母親は彼女に会えない。こころの鍵も見つからないために、未だ出会えていない母子が目の前にいるようだと思った。

お互い「会いたい」「触れ合いたい」という思いがあるのに、そうできないことが起こって、その気持ちが届かないようだ、と私は話した。すると彼女は、『ママと帰りたい、ママと帰りたい、ママと帰りたい』と長いあいだ部屋のドアを開けたり閉めたりした。

そうしてママは、お化けになったりママになったりした。私も、生きていたり死んでいたりした。彼女は部屋のあちらこちらに「ちんちん」と色紙をぶらさげ、「うんこが一杯ついている車」を私につけ、色紙を十分に用意していなかった私に怒った。

次第に彼女は自由になっていった。赤ちゃんの面倒ばかり見ているママは嫌で、怒ってばかりいるのも嫌だと話した。

保育園を積み木で作っては、『どの子も叱られて「あなたいなくていいです」って言われる』と言う。私は、彼女のなかにある「あなたいなくていいです」と言われる怖さと不安を言葉にした。

この頃、彼女は毎回面接終了時間前に『うんこがしたい』と言ってみずからトイレに行くようになった。「ティッシュの先生」のところでは遊びにくいことや、母親がどこかに行ったから泣いている自分の顔を描き、退室時に「あっかんべー」と私に向かってするようになった。乱暴な口をきき、要求に瞬時に応じることのできない、俊敏でない私に文句を言い、保育園での行事日に面接が重なったことへの文句を言い、パソコンばかりして遊んでくれない父親の文句も言った。

人形で遊びながら『お家がみつからない』と言う彼女に《こころのなかのお家を見つけるために私に会いに来ているの》と伝えた。*

次の回、彼女は「お母さんがどっかいっちゃったから泣いている」顔の絵を描き、交通事故で何回も轢かれたネコをティッシュで手当する遊びを繰り返した。

どこかに行ってしまうということは、事故に遭ってしまうことを連想させるのだ。死んでしまうと彼女は思うのだ、と私は思った。頻繁にどこかに行ってしまう大切な人。繰り返し、繰り返し、母親が死んでしまったと想像することは、何と苦しいことだろうか。何度も、何度も、こころの拠り所とする母親がいなくなってしまったと感じることは、何と恐ろしいことだろうか。

*外傷場面の情景が浮かぶと、セラピストのこころに〃住み家〃が出来る感覚があります——※後半：第一章。

二年目が過ぎようとしていた。この時期には、転園や転勤、クラス替えなど、誰もが環境の変化を体験する。

みちるもまたそういう周囲の雰囲気を感じたのだろう。いつまで私に会いに来るのかを問うようになった。そして、母親に自分のことを心配しないように言うように、私に頼むのだった。私の膝に座って切り絵やぬり絵をし、「もうすぐ小学校に行かなくてはならない」話をした。学校から帰るとママは家にいて、パパは別の部屋でパソコンしていると話した。

描かれる女の子の口は少しずつにこやかになった。と同時に、『ママと離れてるの寂しいもん』と自分の気持ちを語るようになった。『ママはやさしそうなふりして、ほんとうはお化け』と言って、かみなりが鳴って怖かったときにパパがちょうど帰ってきて大丈夫になったと言った。

みちるはネコを描いた。そのネコは紐につながれて、私の描いた女の子に連れられていた。すぐにどこかに行ってしまうネコには紐をつける必要があり、それでもこの優しいネコを女の子は好きなのだ、と彼女は話すのだった。

パパとママの切り絵はテープでくっつけた。

私には彼女と同じ指輪を作ってはめた。ネコがどこかに行ってしまうように、つながりが切れて見失われてしまうことの大変さと、彼女と私のあいだに出来たつながりについて私は話した。

この頃には吃音は消失し、保育園に楽しく通うようになった。便秘も解消した。

就学前の最終回、「思い出箱」にティッシュや、作った物、ぬり絵や描いた絵を一つひとつ、二人で眺めては入れた。最後に、女の子ふたりが手をつないでいる絵をみちるが描いて、箱にしまい、私たちの面接は終了した。

私たちが出会ってからちょうど三年目の春のことだった。

◠ ◠ ◠ ◠ ◠ ◠ ◠

出生時の出来事が、赤ん坊の心理に多大な影響を及ぼす。* そう言われて久しい。

誕生直後の命を救うための方法が、みちると母親とのこころの交流に大きく影響したというのは、考え過ぎだろうか。彼女は、それから幾度となく「ある所に閉じ込め

＊D・Wウィニコット〔一九八八年〕

られ放置されること」を体験した。そうして、言葉を失った。

私たちは面接室のなかで「ある所に閉じ込められ放置される」彼女の恐怖を共に体験した。母親が遠くに行ってしまって届かない寄る辺のなさを実感した。

言葉を失った彼女のこころに〝共感〟すること。それは、「彼女の身になって感じること」だけではなかった。

彼女とともに彼女の出生時の体験を生きること、そして実感をともなってその体験を理解することだった。

第二話 真紀

――出てこない声

最寄り駅から病院まで、お堀の脇の田舎道を歩いて来ると汗が吹き出る。それでも、車がほとんど通らない道を、水鳥や水面に映る木々の濃い緑に目をやりながら、歩くのは心地よい。そんな風に歩くことができるのもまた幸運なことなのだと、彼女と出会って私は知ることになる。

『先生、ぼくのお母さんは大変なんだよ』

翔太はそう言った。大きな病院のなかを、勝手知った所のように歩き、健気に、まるでナイトのように付き添う彼の言葉は、私の胸を打った。

生まれたときから、いや生まれる前から、その小さなからだとこころ一杯に、受けとめてきたものがあるのだ。「お母さんの大変さをなんとかして欲しい」、延いては「ぼくの大変さをなんとかして欲しい」、そんな翔太のこころの叫びのように聞こえた。

◇

翔太の母親と出会ったのは、七月のことだった。名を真紀といい、三十歳だった。

病院に到着して汗の引く間もなく、新生児科の部長から院内電話があった。

その日も、小児科外来には、けいれん発作を起こした子どもが慌ただしく運ばれてきていた。小児科に長く勤めるようになって、かなりの数の子どもがけいれん発作を起こすと知った。

顔色が悪く、ぐったりしている。側にその子の母親と思われる女性が心配そうに立ち尽くしていた。救急隊からの引継ぎを受けた後、小児科医が脳波の指示を出している。

てんかん？　いや、そうじゃないかもしれない……と横目で見ながら、部長室に急いだ。部屋に着いた私に、『前にＮＩＣＵに入院していた子どものお母さんを、診てもらいたいんです』と部長は言った――『もともとてんかんと慢性の内科疾患があって、母体管理して出産されたお母さんです。いろいろ困っているみたいで、相談に乗ってもらえませんか？』

てんかん……。そう聞いて、さっき外来でみかけた子どもと母親のことが脳裏に浮かんだ。

慢性の脳の病気という以外、その病気に関する正確な知識は私にはなかった。* 高校の同級生のことを思い出した。授業を受けるために皆が前を向いていた。先生の声だけが響く静まりかえった教室に、いちばん後ろに座っていた彼女が椅子ごと倒れる音が響いた。その後、彼女はしばらく学校を休んだ。

＊日本人の有病数・率を初め、知らせていないことが多いのではないでしょうか――『からだの病いとこころの痛み』（木立の文庫）以下※、前半：第三章を参照。

この病気に対する偏見は強く、昔は患者が座敷牢に入れられていたという話も聞いたことがあった。魔女狩りにあった患者もいたというアメリカでの話も思い浮かんだ。よく理解されず、偏見や誤解や差別に満ちていた病気。この現代に、さすがにそんなことはないだろうと私は思っていた。

その程度の知識だった。

どうやら真紀は最近、発作の回数が増えて、血液検査の数値も悪くなり、子どもが通う幼稚園でも先生とトラブルになっているようだった。そういう身体の病気の患者さんを診るのは医師の仕事じゃないのか？ と、私は外来に戻りながら思った。でも……と私は思った。わざわざ依頼されるということは、臨床心理士の私に期待される仕事があるのか？

早速、彼女が受診している診療科の院内カルテをすべて、事務の人に頼んで借りてきてもらった。カルテをみれば依頼された理由がわかるかもしれないと思ったのだ。届いたカルテはそれぞれが分厚く、量は相当なものだった。病院と縁が切れない人、そう思うと会う前から痛々しかった。

横文字と日本語が混在する彼女のカルテは、非常に読みづらかった。ましてや脳波の所見は、何が書いてあるのか、医師でない私にはさっぱりわからなかった。側頭葉てんかんという診断名も、まったく理解できなかった。初歩的なてんかんの教科書*を見ながらカルテを読んだ。知り合いの医師にもわからないところを尋ねた。

彼女には、右手が挙がる、動作が止まってしまう、発語ができなくなってしまうなどの症状のあと、意識がぼんやりする発作が頻発したり、突然意識を失い、全身を硬直させ、けいれんする発作もときどき起こしていた。外来治療だけでなく、入院治療も複数回受けていた。

今回、病状が特に悪くなった理由は、カルテからはわからなかった。最近、彼女のてんかんを長年担当していた主治医が転勤してしまったことも関係していたのかもしれない。私が治療に加わる理由もはっきりしなかった。

とにかく一度、会ってみようと思った。

相談室に現れた真紀は、小柄で痩せた顔色の悪い女性だった。カルテに記載された年齢よりかなり幼い印象で、夫と、小さな男の子が一緒だった。

*たとえば『てんかんの教科書』など〔大澤眞木子・秋野公造、メディカルレビュー社、二〇一七年〕。

会うなり、『子どもが幼稚園で何かにつけ怒られているんです。わたしの病気のせいで子どもがいろいろ言われるのだと思う。それに先生たちが、子どものことを病気だと言いふらしているんです』とまくしたてた。

「病気のせい……」そう聞いて私は、まさか幼稚園の先生がそんなことを言うはずがないのでは？　と、こころのなかで思った。

翔太は、きちんと椅子に座り、お絵描きをしながら、やりとりを聞いていた。夫は始終、黙って彼の相手をしていた。

真紀は明らかに混乱していた。

実際、彼女には、会う前から手指振戦や複視、平衡障害といった神経症状が出ていた。内臓疾患は増悪し、私と会った直後に内科に入院した。食事も喉を通らず、体重はますます減少した。

それでも真紀は、車いすに乗って点滴棒を押しながら面接室に現れた。

『看護師が噂しているのが聞こえます』

『親と会うと血液検査の数値も悪くなるんです』

そう言う彼女を前に、精神科医師に治療をしてもらったほうがよいのではないか、と私は不安になった。

『病気になるのは甘えているせいだって親に言われるんです』と言って泣く真紀の話は衝撃だった。病気になりたくてなる人なんていないし、「甘えているから病気になる」なんていう理屈を言う親なんているのだろうかと、にわかに信じがたかった。

『死んでしまったほうがいいんじゃないかと思う』――退院し自宅に戻った真紀は、カミソリで自分を傷つけた。

◇　◇

八月も半ばを過ぎ、お堀の脇の小路を歩くと、きつい陽射を遮るものは何もなく、皮膚をじりじりと刺激する。草がうっそうと生い茂っていた。そんな蒸し暑い最中に、私は彼女と外来で会っていくことを決めた。

窮状を訴えるなかに、どこか人なつこい感じを醸し出す女性だった。自分のこころの有りようが身体の病状に影響していそうだという、こころを見る目*をもっている気がした。何にもまして彼女の混乱と、家族、特に子どもの翔太への影響が気がかりだ

*心理療法が役立つかどうかは、その人にサイコロジカル・マインド(自分のこころの動きを感じ考えることが出来ること)がどの程度あるか、に左右されます。

った。

心理療法では、曜日と時間をその人の為だけに固定する。そのほうが患者は、その時間を治療者との大切な時間だと認識しやすい。その時間をどう考えているか、感じているかが、その枠組の周辺に現れて、患者のこころの変化に治療者は気づきやすいのだ。その逆も然り。患者との面接の枠組*をどう扱っているかによって、治療者のこころも映し出される。

真紀は、週一回の私との時間に遅刻やキャンセルを繰り返し、終了間際に話し続けては時間を超過した。『起き上がるときに、乗物に乗っているように揺れるんです。それで、立ち上がると物にぶつかるんです』と彼女は言った。特に子どものことを人に悪く言われていると思うと、深く傷つき、約束の時間外に来ては泣いて訴えた。

身体の病状も非常に不安定で心配だった。「定期的に会うなかで、患者のこころに出会っていく」という心理療法を、彼女とのあいだで本当にやっていけるのか、とても不安になった。

彼女は小柄で多弁で隙間なく話し続けた。そういう彼女と会っていると、どう言葉を挟んでよいかわからなかった。止めどなく続く話はあちらこちらに飛び、なかなか

*精神分析的心理療法ではこの「設定」「構造」が重視されます。曜日・時間・頻度などの外的設定・構造と、治療者の態度(プライバシーの保護、禁欲、中立性など)の内的設定・構造があります。

理解し難かった。でも、過酷で不適切な養育環境の中でなんとか生き抜いてきた彼女がいるように思えたし、切実な、満たされない思いや救いを求める気持ちがあるように感じた。

〝共感〟するとは、なんと難しいことだろう。彼女と面接を続けながら私は思った。彼女にとっての真実を語っているとは思うけれども、私にとって理解し難い話が続く時には、どうすれば良いのだろう。どんな気持ちをわかって欲しいと彼女は望んでいるのだろう。

真紀にてんかんがあるということは、家族にとってずっと長いあいだ、大きな問題だった。彼女は乳児のときに熱性けいれんを経験していた。母親は発作を起こしている赤ん坊を病院に連れて行こうともせず、深夜帰宅した父親が連れて行った。幼児期には、あきらかなてんかんの発作が始まった。もともと暴力とネグレクトの問題があった彼女の両親、特に母親は、医師に病名を告げられた時、その事実を否認して彼女に治療を受けさせなかった。両親はこの病気を、よくわからない、忌み嫌うべきものとして捉えていた。* 発作はたびたび繰り返され、急に声が出せなくなったり

*てんかんは、返す返すも正しい理解が得られていない病気です〔前掲『てんかんの教科書』〕。

動作が止まったり、突然、意識がなくなり倒れてしまったり、窓や壁に突進したりした。発作の度に何度も救急車で運ばれていた。

彼女が中学生になって、発作で勉強に集中できないと父親に自分で頼み込んで、ようやく投薬治療を開始できたのだった。

『そんな病気をもつ子どもは、うちの子ではない』

両親は彼女を完全に否認した。

彼女の話は途切れず、私が口を挟む余地はほとんどなかった。

そんな彼女に私は《いっぱい話すことがあって、話し続けても、話し続けても、思いが相手に届いた気がしないのですね》と、なんとか口を挟んだ。彼女はそれを聞くと、私をじっと見つめながら、まるで哺乳瓶からミルクを飲むように、ペットボトルのお茶を飲んだ。私は不思議な感覚に包まれた。

『手足が震える。ピクンピクンする』『食べられない。吐いてしまう』『空気を飲んでしまって、液体を飲めない』——身体の不調は続いていた。

ある回では、面接中にソフトクリームを食べた。そんなことをする人はそれまで会ったことがなかった。驚いた。開始時間まで待たされた時には、階段の踊り場で寝転がってお茶を飲んでいた。まるで子どものようだと思った。そう思ったが、彼女の行動を咎める気にはなれなかった。『自分はもう大人なのに、まだまだ甘えたいところがあって、翔太とどっちが大人かわからなくなってしまう』と、よく彼女は泣いた。

大人の姿をしているのに、奥には子どもの、誰かの世話を強烈に求める彼女がいる。まだまだ子どものように甘えたい彼女がいる。一方で、親として子どもの世話をするべきだとわかっているのにできない。そこに彼女の困惑と苦悩があるようだった。私はそう彼女に伝えた。

『どこも薬の調整をきちんとしてくれない』『医師が人として診てくれない』

私も含めてすべての他者が「自分のニーズに合った応対をしてくれない」と感じているようだった。どうすることが彼女のニーズに合った対応になるのだろう。〝共感〟することになるのだろう。

『電車とホームの隙間に落ちるんじゃないかと怖くなるんです。自分は死んだ方がいいんじゃないでしょうか。いないほうがよい人間なのではないでしょうか』『両親はてんかんのことを全然わかってくれない』と話した後、翔太が彼女と夫に怒った話を続けた。

私もまた彼女のてんかんのことをまったくわかっていない、と真紀が訴えているように感じた。*てんかんのある彼女を理解するとはどういうことなのだろう。治りにくい病気がある辛さ。病気を抱えながら家事や子育てをする大変さ。そういったことだろうか。大変さ。それとも、てんかんがあるというだけで忌み嫌われる、そういう両親との関係をわかって欲しいと思っているのだろうか。彼女がわかって欲しいと望んでいる気持ちは、一体どういう気持ちなのだろう。

私との面接が休日で無い時には、特に寂しく思っているようだった。

歯科で翔太の乳歯がとれたことを「もう生えてこない」と思ったことや、『さみしい』と翔太がよく言うと話した。面接と面接のあいだに会えないことが、ちょうど、歯と歯のすき間が出来ることや、電車とホームの隙間のように感じられるのだと考えて、彼女の寂しさを汲んだ。

すると彼女は、翔太が自分自身のように見えること、きょうだいがひきつけを起こしているのに、そばには子どもの自分しかいなかったこと、翔太にはちゃんと親らし

＊「てんかんのあるわたしをわかってくれない」という体験や情緒は、過去の両親とのあいだにあって、私とのあいだにもあります。

いことをしてあげたい気持ちがあることを語った。

彼女は、翔太が幼稚園でいかに適切に扱われていないかを繰り返し語った。それから突然、話を切り替えて、夫に怒られた翔太が『死んでほしいから怒るんでしょ』と言うと話した。また彼が二、三歳の時に『おじいちゃん、ママを泣かしたでしょ。僕、クジラのように真っ暗のなか、泳いでいるのに出てこれなくてママのお腹のなかで聞いてた』と語ったが、それらはまるで、彼女自身の傷ついたこころを翔太が代弁しているように聞こえた。

まるで赤ん坊のような仕草でこころの満たされなさを表し、翔太が自分自身であるかのように語る彼女に、私は圧倒され、困惑した。

私は「彼女をどこか適切に理解しきれていない」と強く思うようになった。てんかんという病気に対する偏見や誤解は、私の想像を絶するものだった。そして、そのことが彼女のこころに非常な苦しみと生きづらさを生じさせていることを、私はこの時に至っても、わかっていなかったのだ。

お堀の向こうに見える田んぼには早苗がきれいに植わってそよ風に揺れていた。一年が経とうとしていた。彼女の体調は少しずつ改善していた。てんかん発作も薬剤でよくコントロールされるようになった。それとともに、私との面接にお堀の側の道を自転車で通い、定刻に現れ、定刻に終えることができるようになった。

幼い頃「散歩に行った時に土手で花を摘んでくれた」といった母親との良い思い出もかすかにあるようだが、たいてい『そんな病気持ちの子は自分の子じゃない』『あんたなんかいらん子だ』と言われていたという。おまけに母親は、幼稚園の時に男の子たちから受けた性的いたずらを訴えても、『そういう汚れている子は家にはいらない』『その子の母親と気まずくなるのは嫌だから我慢しなさい』と言ったそうだ。

父親は、てんかんという病を抱える娘がいることを人に知られるのを怖れて、入院中の娘を見舞いにも来ないらしかった。

真紀は泣いた。

てんかんがあることで彼女の存在のすべてが両親から否認され、性的いたずらを受けた傷心は、母親には理解されなかった。

『病気なんかになるのは甘えているせいだ』と怒って、何かと暴力をふるう両親に、小さい頃からいつも『すみません、ごめんなさい』が口癖になっている、と泣いた。

彼女の傷つきは増していった。

だが不思議なことに、その悲惨な内容ほどには、私のこころに彼女の情緒は伝わって来なかった。目の前に彼女は居て、語ってはいるのだが、病気を抱え、性的いたずらをされ傷ついたはずの彼女の気持ちを、私は感じられなかった。

傷ついた彼女は「いらない子」として、治療場面には来ていないようだ、と私は思った。

◇　◇　◇

新しい年が明けると、ほどなく冬枯れの中に、木の芽が膨らみ、足元や道端には、薄緑色の小さな草の芽が顔をのぞかせる。春の予感に、こころも優しく和らいでいく。

真紀は面接でよく泣きながら、小学校に入学した翔太が虐められ傷ついている話をした。毎日翔太を学校に迎えに行かなければならないこと、そうすることは『廊下に立たされている気分だ』と言った。

そして、昔、母方で飼っていた犬がみな癌で死んでしまった話や、母方祖父母が、彼女と妹が見ていたカタツムリを踏みつぶしてしまった話を続けた。その痛ましさや残酷さは、奇妙なことに伝わって来ず、私の別のところで感じられていた。

彼女は翔太の学校に、自身の内科通院が必要であることは伝えたが、てんかん治療のことは言わなかったという。――『てんかんのことは、どう思われるかわからないから。幼稚園にも伝えなかったほうがよかった。親でもちゃんと受け取らないことを、他人がどう受け取るかわからない』『てんかんのことを、看護師でも知らない』

私のこころのなかの違和感は増していた。

彼女は私に、自分自身の思いを重ねた人びとについて語った。しかも短時間にその思いが入れ替わった。話は非常にわかりにくかった。一方で、彼女のすべてが私に伝えられているわけではなさそうだった。

それは、昔、父親に階段から突き落とされたことを語ったあとの、ちょうど面接が祝日で休みのときに彼女が手を放してしまって階段から転げ落ちた翔太の話と、面接の休みという「手を離してしまった私と、転げ落ちた彼女自身」とを絡めて伝えたときの彼女の反応に顕著にあらわれていた。

彼女は私の言葉がまったく腑に落ちない様子だった。涙をこぼしたものの、こころにはそれほど響いていないようだった。

痛々しさと、「とんでもないことをしてしまった」という思いは、私のこころのなかだけにあった。

面接を重ねると、彼女の身体状態はまた少し改善した。

自分と家族の状況を少し客観的に見ることができるようになったのだろうか。『これでほんとうにお母さんなのかなと思う』と言った。

彼女が寝てしまったあと、翔太が食器の洗い物をしたり、貯金箱にお小遣いを貯めては『いるときに使ってね』とか『早く大きくなって大学院に行くよ』と言う、と話した。子どもの翔太と母親である彼女の立場が逆転していた。

届け物に学校に行けば、『ママに心配させてしんどくなられたら困るから、こらえて言えないことが一杯あるんだ』と教師に言っているところを目撃した。

『ママ、死んじゃだめだよ』とたびたび言う翔太のことを、泣いて私に語った。

一生、病院とは縁が切れない身を嘆き、『普通なのに、普通じゃないと言われて、ほんとうに悲しかった』『翔太を虐めてしまったんじゃないか』『翔太が自分と同じ道を歩んでいる気がしてしかたない』と泣いた。

そうして、『ちょっと自分の調子が良くなったら、翔太が熱を出したり、主人がダメになって、自分を見る余裕がない』と彼女は訴えた。

◇　◇　◇　◇

面接を始めてから二年半が過ぎた。

自分の病気が人に感染るのではないか？　悪いモノが翔太や主人や私に感染るのではないか？　という恐怖が彼女のこころのなかで強まっていた。

そんな時、私の都合で数回、予告なしに面接が休みになった。*

その後の面接で彼女は、慕っていた知人が死んでしまった話や、迷子の話をし、発作がよく起こると、翔太を連れて何度か来室した。『家族が崩れそう、食べられない』と彼女は言った。

彼女のてんかんを完全に否認する両親との関係が関わっていそうだ、と私はふと思った。私の突然の休みは、発作を起こしている彼女を放置した母親と重なるようだという考えも浮かんだ。私は、私に放っておかれた彼女が「訳のわからなさ」のなかにいたことに触れた。すると彼女は、これまでになく直接的に、自分が感じた寂しさや怖さ、こころ細さや不安を語った。

そして、その日の面接が終わったあとに、彼女は血色の良い顔をしてふたたび現れ、『先生に会って話すだけなのに、落ち着いて、うどんをお腹いっぱい食べれました。おいしかった』という手紙を持参した。

しかし次がまた祝日で、私は彼女と会えなかった。*

その次の面接で彼女は、てんかんのために何年も家のなかに閉じ込められていた女性の話をした。彼女の母親も『ほんとうだったらあんたも閉じ込めておかないといけ

*どんな事情があるにせよ「治療者の失敗」と呼べるものでしょう。

*これも同じです。

ない』と昔、言っていたと話した。

その直後のことである。

面接終了間際に、突然、右手が挙がり硬直し応答できなくなってしまう複雑部分発作を起こした。面接中に起きた初めての発作だった。

驚きと、なぜか「殴られるかもしれない」という恐怖、訳のわからなさ、見てはいけないものを見てしまったような、居たたまれない感覚が、私のなかに湧き起こった。それまでは遠い現実だった彼女のてんかんという病気が、まさに私の目の前に立ち現れたのだった。

「医師や看護師を呼んだほうがよいのだろうか」「この発作は、このあとどうなっていくのか」「発作を止める薬が必要なのだろうか」「このままここに二人でいてよいのだろうか」と、とても不安になった。私は今にも立ち上がって助けを求めたい気持ちに駆られていた。逃げ出したかった。*

私は面接室の外に出ることのできるドアを見た。

徐々に「自分はほんとうにこの人のことを、その苦しみを、理解していたのだろうか……」という愕然とした想いに駆られた。発作で動けない彼女の瞳に映る自分自身

*治療者のなかに湧き起こる感情をよく吟味する必要があります。

を、私は見た。悲しみが伝わってきた。

　こういったことが、瞬時に駆け巡り、しかし何とか留まって、彼女の固まってしまった拳をほぐしながら、私は、自身の想い、そして彼女のありのままの姿を、私のこころに抱き留めた。

　それからの面接で真紀は「病気が感染る」話を頻繁にし、「インフルエンザかもしれない」のに来室し、両親に「ばい菌扱い」されてきた話をした。「病気が感染る」という表現のなかに、彼女独特の、てんかんを抱えるがゆえに不適切に扱われた苦悩と心痛と、病気を移してしまう恐怖が表現されているように思った。特に「子どもの翔太に『病気』を感染してしまうのではないか」という恐怖は、彼女のなかにいつもあるようだった。

　インフルエンザかもしれないのに来室した彼女に、「インフルエンザが感染るとイヤだな」との排除の思いが、私のなかにも湧いた。同時にそれは、私にこころの痛みの中核を伝えてしまったことへの彼女の戸惑いでもあると思われた。

　彼女は『親なら、子どもがどんな時でも世話すると思う』と言った。
その言葉は、私のこころにすとんと落ちるものだった。

てんかんがあっても、インフルエンザに罹っても、どんな病気でも、病気に感染る可能性があっても、親は子どもの世話をする。「そのままで愛され世話される」ことを*子どもは望んでいる。病気をもつ子どもに「代わってやりたい」とさえ親は思う。そんな当たり前のことが彼女にはなかったのだと理解できたのだった。

彼女のその悲しみとこころの痛みは、じかに伝わって来た。
私はそう彼女に伝えた。面接室のなかで私は、病気をもつ彼女とともに居続けた。

◇　◇　◇　◇　◇

それ以降、真紀の話はまとまりを見せ、頻発する発作のために日常生活や思考がどれほど妨げられた状態になるかが、私によく理解できるようになった。

熱い味噌汁を運ぶときに発作が起き、翔太に火傷を負わせることへの恐怖
包丁を使っているときに発作が起き、翔太や自分を傷つける恐怖
踏切を渡るときに発作で、身体が動かなくなる恐怖

*少年イーロとD・Wウィニコットの面接が参考になります——※前半：第二章。

風呂へ入っているときに発作が起き、溺れ死んでしまう恐怖

私は、そのどれもが実感を伴って理解できるようになった。

発作と、辛い記憶と、その時の気持ちが重なりあって、訳がわからなくなってしまうことを彼女に伝えた。そして、発作の時、記憶を失ったままどこかに行ってしまいたかった彼女自身がいるようだ、ということも彼女に伝えた。

すると彼女は安堵したように肯いた。

彼女はまた、私に会うことで自分のこころのなかに少しずつ変化が起き、「親にしてもらえなかったことをしてもらってうれしい」と思っていること、「健康になりたい」という願いも話すようになった。面接のない日にも、こころのなかで私との対話は続いているようであり、その情景は彼女の夢に現れ、私のことを、自分を支えてくれる対象として体験しているようだった。

出会って三年半が経った頃の正月休み明けには、ふたたび終了間際に同じような発作を起こした。その後の面接で、自分から発作のことに触れ、『右手が挙がるこの発作は困る』と、知らない人には怖く思われるであろうことも、ユーモラスに語った。

こうして、発作にこめられたこころの痛みは、彼女と私のあいだでやりとりできるようになった。

真紀の内臓疾患は投薬が減るまでに回復し、てんかんも発作はあるものの回数は減った。家事もこなせるようになり、小さい頃に習っていた武道を翔太と一緒に習い始めた。地域活動やＰＴＡ活動にも参加するようになった。彼女自身の状態が回復するにつれ、徐々に、翔太に対する親らしい感情が育まれてきた。辛いながらも彼女は、親として彼の発達をとても心配し、翔太にも援助が必要なのだと確信し、翔太のための相談機関に足を運ぶようになった。

そして夫に対しても、時折、感謝の言葉を口にするようになった。むごい仕打ちをしてきた母親に対しても、「病気をもった我が子である自分に複雑な思いがあるのではないか」と話した。そして両親との適切な距離を模索した。

一生抱えていかなければならないてんかんや内臓疾患について、みずから他者に打ち明け、理解を得ようと努力するようになった。

記憶の断絶が起こることや記憶を保持することが困難なこと

疲れやすいときがあること
言いたいことが適切な言葉にならないときがあること
複雑部分発作が起こること
人とは異なる状態になることがあること

『先生と話してきて、なにかを見つけた気分なんです』と、なにか内側に良いものが育ってきている感覚を、彼女は私に語るようになった。

私も、発作を起こしている彼女の側に、かつて母親も誰も側にいなかった時の寂しさと心細さ、訳のわからなさや底知れぬ恐怖が、真に感じられるようになった。『わたしは寂しかったんです』という言葉とともに、私のこころのなかに彼女の寂しさが留まるようになった。

なにも心配もなく、踏切を渡ることができること、病院に向かうお堀の脇の道を歩けること、そこで水鳥や木々を眺めることができること、自転車に乗って通院できること。そのどれもがてんかん発作のある真紀にとって、どれほどの喜びかを彼女は教えてくれたのである。

第四話 理香

——寄る辺ない声

木々の葉が少しずつ色づき始めた頃だった。

私は、知り合いの医師から届いた紹介状を前に、とまどっていた。

そこには想像を絶する病歴が記されていた。幼少期から受けた暴力やネグレクト、思春期に至っては過食やリストカット、自殺念慮、長じては自殺未遂も起こしていた。そのときどきに受けた精神科治療は、彼女の苦しみにどれも功を奏しなかったようだった。

臨床心理士として仕事を始めて既に十年以上が経過していた。もう初心者とは言えないのに、さまざまな勤務先で出会う人びととの苦悩や生きづらさには、なかなか〝共感〟*できない私がいる。なんとか患者の気持ちを汲み取れる治療者になりたいと努力しても、ひと筋縄ではいかないのだ。「その人の身になって感じる」というのは、なんと難しいことだろう。単に感情移入するのでもない。患者との距離を縮めるのでもない。

*精神分析の世界では「共感」という言葉はほとんど使われません。他者の抱く感情を共有することに留まる訳ではないからです――〔『からだの病いとこころの痛み』〔木立の文庫〕以下※参照。

翻って本書では、敢えてここに焦点のひとつを当てています。

体験は一つひとつ違う。ある現実を、その人がどう体験したか。共感するということは、独特のその体験を感知することだ。特に、人が病気を患った時、そしてそのことが周囲の人びととの関係に及ぼす影響を考える時、そこには、それぞれの人の、計り知れない思いが溢れていると思う。

私に、この壮絶な人生を生きてきた人の治療を引き受けることができるのだろうか。精神科クリニックのカウンセリングオフィスで、私はひとり考え込んだ。

●

患者は理香といい、まだ二十代だった。長身で長い黒髪が美しく、シンプルでセンスの良い服装をしていた。胸元の小さなネックレスがよく似合っていた。苦難に満ちた病歴と外見のギャップに、私は戸惑った。

それに彼女は、今にも内側から崩れ落ちそうに見えた。

『言葉が通じないんです。何気ない一言に傷ついてきました』『自分を抱えられないし、自分というものがどういうのかさえわからない』と彼女は泣いた。

私のこころは、彼女とただ向き合っているだけで大きく揺さぶられた。経験したことのないような激しい頭痛が私を襲った。並大抵ではない疲労感も感じた。初回面接が終わり、彼女を見送ったあとも、私のこころは長い時間、ざわざわしたままだった。*

断れない……、こころの何処かでそう感じていた。

理香の母親は、彼女がごく小さい頃から精神病を患っていた。

精神病は、およそ百人に一人は罹るとされる病気だ。代表的な疾患として統合失調症が知られている。幻覚や妄想という症状が特徴的だ。

精神病を患う親に育てられた子どもたちの苦悩と生きづらさは深刻だ。精神病を患う親も苦しいが、そこに生まれる子どもたちも、苦痛に満ちた人生を歩まざるをえない。人として生きていくための根源が揺らぐからだ。

彼女は、そのことを理解してくれる相手を求めていた。

『必ず誰かに殺されると、いつも思うんです』と彼女は言った。*

週一回の私との面接日、オフィスまでの道中にそんな恐怖を感じながら彼女はやって来ると言うのだ。『音がいっぱい自分のなかに入ってきて、訳がわからなくなるんで

*精神病を患う人びとは、自分の「こころなかにあるもの」をそこに留め置けず、外の世界に過剰に排泄しようとします――※前半：第二章。

*「こころが壊れて無くなってしまう感覚・恐怖」が病気の本態……。――松木邦裕『精神病というこころ』〔新曜社、二〇〇〇年〕。

す。どうやって自分を保ってここにやって来ればよいのか、わからない』『ちょうどコラージュみたいに断片が、いつのことだかわからない断片がいっぱい貼られているみたい』とバラバラな自分を泣いて語った。帰り道もまた『必ず誰かに殺されると思う』。私は圧倒され、頭痛がひどくなった。考える余裕はなく、ただそこにいて彼女の語りを聞き、面接空間を毎週維持するのが精一杯だった。

しかも癌に罹患しているかもしれないと、とてつもなく不安になって身動きもできないとキャンセルを繰り返した。面接に現れた時は、目の前の私と以前の治療者たちがゴチャゴチャになると言う。そう言われても私は、理解できなかった。

〝共感〟できないのだ。

実際、キャンセルを繰り返す彼女は、私にとっても「断片を貼り付けたコラージュ」のようだった。面接中の、私のどの言葉やどの態度がきっかけで次の回がキャンセルとなるのか、まったく理解できなかった。面接室で会ったあとにこころに残る激しい揺れとも相まって、会っていなくても会っているような、会っていても会っていないような、奇妙な感覚があった。

一貫したつながりが感じられなかった。

『居場所がない。転々として、乞食みたい』

彼女は自分のことをそう言った。もちろん実際の住居のことではない。彼女の〝こころの住み家〟のことである。

人のこころが自分というものの〝住み家〟となるためには、生まれた時からいつも、自分をこころに想い抱いていてくれる温かな存在がいる。そんな他者のこころに巡りあったことがない、と彼女は言っているのだ。

私のこころにも未だ理香という人の定まった〝住み家〟は無かった。かろうじて私は「面接の設定をそのまま一定に保つことが大事だ」と考えていた。*

《私と会っていないときの不安をわかってほしい。でも一方で、私をほんとうに頼りにしてよいのかという不安が、あなたのなかにあるのでしょう》と私は言った。

『頼りない感じなんです』

彼女は怒りを含んだ口調で私に言った。

『〝揺るぎない壁〟みたいな、完璧に理解してくれる人が必要なのに誰もいない』『恐

*面接の設定を一定に保つことは大切です。「設定」は、治療者と患者を抱え続ける「器」となるからです。こころを育むための空間すなわち〝住み家〟となるからです。

怖と苦しみが混じり合った中で、どうにか過ごしてきたんです』と泣き叫んだ。自分と他人の区別も、現実と現実でないものの区別もわからない苦しみを訴えた。そして、以前、母親の薬を大量服薬したり、旅先の冷たい海に飛び込んだりしたのは「生きるためには死ぬしかなかったから」だと言った。

『医師や心理士でさえ、言葉に敏感じゃない』と彼女が言うように、私は彼女の言葉を全く理解できない治療者だった。わからなかった。どう考えても理解できない。言葉に込められている意味が違うのだ。*

彼女はその後の面接を九回も連続してキャンセルした。彼女のこころから私という治療者はまた消えていなくなった。私には無力感だけが澱のように残った。

『前の先生たちと先生は違う人なんですね。だから、一から関係をつくっていかないといけないんだと、初めてわかりました』。そんな当たり前のことを彼女は言った。当たり前のことが、彼女には当たり前ではないのだ。

面接中も面接後も、彼女の苦悩が私を捉えて放さなかった。

しかしそれは一貫性のあるものではなく、こころがただ何かに圧倒され揺さ

*彼女が「言葉のもつ象徴機能を使えない」ということを、本当には理解できていなかったということです。

ぶられている感じだった。何かわけのわからないものに揺さぶられていた。

● ●

街角の花壇にピンクや黄色など華やかなポーチュラカの花が咲く季節になった。ボランティアの人びとが、丹精込めて世話をされているお陰で、道行く人びとは色とりどりの花にこころ癒される。

久しぶりに現れた理香の両腕には、生々しいリストカットの痕跡が無頓着に露わになっていた。『面接に通えるのは普通の時で、ほんとうに苦しい状態の時は通えない』と彼女は言った。私は痛々しい腕の傷にあらわれているこころの痛みに触れようとしたが、彼女は『これくらいで回せているんだから、いいじゃないですか』と吐き捨てた。

彼女は、夢の話をした。

前は〈死体がゴロゴロ転がっている〉夢をみて眠れなかったこと、最近は、家族の現実的な夢に変わって、少し眠れるようになったこと。

彼女独特の感覚も語り出した。

人と会っていると、その人と「混じり合っている」感覚になって、混じり合うと、肥る。実際に肥るわけではないが、相手の分量だけ肥った感覚になる。体積が増える、と言うのだ。それはとてもイヤなことだ、とも語った。

私には理解できない話だった。彼女の言葉は理解できた。内容も理解できた。でも、その意味を〝私のこころでわかる〟ことはできなかった。

具体物として身体がそのようにやりとりされ、変化する彼女の感覚というものが、私にはまったくわからなかった。そして、それが今まさに彼女と私とのあいだで起こっていることだ、とも感じられなかった。圧倒されていた。

しかし、そう語ることで理香が、彼女独特の苦しみを私にわかってほしいと願っていることだけはわかった。

『このところ、少し記憶がはっきりしてきたんです』と、孤独で苦しかった話を彼女は続けた。

両親は「普通のこと」をしてくれなかったこと
苦しみの最中の自分を両親はわかってくれなかったこと
どれだけの苦しい状態をたった一人で過ごしてきたか、ということ
苦しい自分は置き去りにされてきたこと
普通にそばにいて、「どういうことが楽しいということなのか」「どういうことが苦しいということなのか」「どういうことが悲しいということなのか」「自分という感覚はどういうものなのか」、教えて欲しかったこと
自殺未遂をしたときも、両親は何もしてくれなかったこと

その真っ当な苦悩は、私の胸に迫るものがあった。痛々しかった。

私は《置き去りにされてきた傷ついたこころを何とかしたいとずっと思ってきたけれど、両親にも誰にも受け入れてもらえず、私もまた受け入れてくれない人かもしれない、と不安に思っていますね》と伝えた。そして、《話しても、「週一回の面接時間が終われば一人にされる」と感じて、とても不安になることも理解してほしい、と思っている》と彼女に話した。

すると彼女は『食費を削ってでも毎週来ることにする』と言ったが、その後もとき

どき、面接を休んでいた。

夏が過ぎ去ろうとしていた。花壇には、ポーチュラカに変わってニチニチソウが植えられていた。毎日絶え間なく花を咲かせることからその名がついたと言われている。日々の絶え間ない世話が、日々の開花につながる。

●　●　●

久しぶりに姿を見せた理香は、どれほど自分が混乱しているかを話した。

面接に来る時、駅のプラットホームで「概念が消えて」しまい、右や左といった言葉がどういうことなのかわからなくなって、その場にうずくまるしかなかったこと。メールの返事を打とうとしても「頭のなかがサーっと消えて」しまい、意味が理解できないこと。集団やバスのなかで「自分の考えが漏れ出ている」と思うこと。

これらの体験を「自分は混乱している」と、彼女は自分でわかる時があった。しかし彼女の語る恐怖や混乱を、私は本当には理解できなかった。彼女の語る文章は聞こえ、頭には入ってくるが、その実態はまったく体験として理解できなかった。

「こころで感知できていない」と私は思った。私の想像できる範囲を超えていた。

理香は前にもさまざまな薬物療法や心理療法を受けていた。入院治療も受けていた。そして混乱した自分をわかってもらおうとしたが、わかってもらえなかった。

それは、私にも当てはまることだった。《すこしは私とのあいだでつながりを感じて、この苦しい、あまりにも辛い話を私にしておられるけれども、前の治療者たちと同じで、私にもちゃんとわかってもらえていないようだ、と感じておられるのでしょう》と私は伝えた。

私はこうしたやりとりを必死で続けた。いつしか頭痛には苛まれなくなっていた。


そうして次第に、彼女のこころの痛みを理解されない傷つきの源は、精神病を患う母親とのあいだで起こっていたことだ、と思うようになった。


ご飯を作ってくれない母親。

腐った味噌汁を出す母親。

せっかく母親を気遣って買ってきた物を見て、彼女をあざ笑った母親。

初潮が来たときも、祝ってくれるどころか、対処の仕方も教えてくれなかった母親。

そして彼女は、同級生が話していることに聞き耳を立て、自分一人で形だけの真似事をし、わからなさや怖さのなかでなんとかしてきたこと。『そのときの怖さは今も続いている』と彼女は言った。

いつも争っていた両親のあいだで、頭がずっと真っ白だったこと。

家の中の悪いこと、家の不幸はすべて彼女が原因である、と母親に言われてきたこと。そうして母親に言われたように、「すべて自分が悪い」と思っていたこと。

次第に彼女は「自分が悪い」と思っていると、何も考えなくてすむ、感じなくてすむのだ、ということに気づくようになった。

自分のなかにも自身を責める考えがいつも浮かんで、自分自身を苦しめていることにも気づくようになった。

以前のように頭のなかが真っ白ではなく、少しずつはっきりしてきた彼女のなかに、傷つき途方に暮れる彼女自身を自覚して感じられるようになった。

その大変さや苦悩は他の人とは違う質のものであるとわかってきたようだった。

『どうも、言っている意味が違うようだ』と彼女は言った。そのとおりだと私も思った。言葉の意味が、彼女と私とではまったく違う。

そして、自分の苦しみを語った次の回にも、私に伝えたことをずっと考えているようだった。理香は『ずっと頭が真っ白で、怖かった。誰もわかってくれず、ひとりでなんとかするしかなかった。がんばっても誰も褒めてくれない。自分の状態がわかってきて、これからどうなっていくのか。怖い』と訴えた。私のこころには、彼女がほんとうに小さな小さな女の子なのだ、という考えが浮かんだ。

そうして、私とのあいだでこのような彼女のことは「迷子」という名称で共有されるようになった。誰の目にも留まらなかった「迷子」は、ここにきて迷子でなくなった。

●　●　●　●

紅葉の美しい季節になった。クリニック近くの花壇にはパンジーとビオラが秋風に揺れている。いつも綺麗な花が咲き、手入れの行き届いている花壇の様子からは、手間暇をかけ、こころを配る人がいるということを感じさせる。面接開始から十一ヵ月が経過していた。

理香は次のような二つの夢を語った。

〈自分の乗った貨物列車*がどこかへ向かって進んでいる。貨物列車の一つひとつが住居みたいになっていて、その貨物と貨物のあいだを繋ぐ十メートルくらいの通路がある。彼女はその通路から外を眺めている〉

それから、いつも夢に出てくる〈男の人〉がまた現れ、いつもはうまく会えないが、この日は〈その人と会話できて、握手できた〉というものだった。

その二ヵ月前に見た夢も報告した。

〈階段を降りた地下の部屋に案内してくれた人が「これはすべてあなたが描いた絵です」と言った。その何百、何千という絵は、自分ではそれらを描いた記憶がない。一枚取り出してみると、とても深い青で描かれた木の絵だった〉。

私は、これらの夢は、彼女と私のあいだにほんの少し繋がりができた夢だと思った。彼女のなかに、自分というものの〝住み家〟が出来はじめようとしている。少しずつ私と一緒に創ろうとしている。そんな風に感じた。そう彼女に伝えた。私は、そのような夢を見ることができるようになった彼女に驚くとともに、それをまた私に語ることができる彼女にも驚いた。

＊英語containerの意味には「一、容器、入れ物／二、(貨物用)コンテナ」〔ジーニアス英和大辞典〕があります——※前半：第一章／後半：第二章。

面接開始から一年が過ぎた。

理香は「自分の思考がそのまま他者に伝わるわけではない」こと、「自分と他者は縦に分かれて繋がっているわけではなく、自分と他者のあいだに壁があるのだ」とわかったこと、すると、自分以外のものと自分が混じり合っている不快感がなくなり、揺れ動いていた地面が鎮まり、勝手に入ってきていた音が静まり、過去と現在と未来の自分が繋がっているのだと実感できたのだ、と言った。

『以前は、机と、先生と、わたしの区別がついていなかったんです』

驚きが私のなかに広がった。今までそのような世界に理香がいた、ということに心底驚いたのだ。

人のこころがつながるということ、良いつながりをもつということ、こころとこころが交流するということ、温かみのある情緒がお互いを行き来するということは、ほんとうに彼女には理解できないことだとわかったのである。それほど断片的でかつ恐ろしい世界に彼女が住んでいたことを、この時、私はやっと理解できたのである。

『どの瞬間も「わたし」は「わたし」で、過去にいろいろあったわたしも、今のわたしも、明日のわたしも、同じわたしなのだと思える』、でも『今のここにいるわたしは、「これからも独りぼっちのわたしがいる」と思うと、とてつもなく不安だ』と彼女は言った。

《自分と他人の区別がなかなかつかなかった頃も、とても苦しかったでしょうけれど、区別がついて現実が見えてくると、それはそれで、また別の苦しさを感じていらっしゃるのでしょう》《私とのあいだでも同じように感じておられるのでしょう。私とあなたが別の存在だと知ることは、あなたにとって、とても心細いことなのでしょう》と私は伝えた。

彼女は肯き、自分がどこに向かっているのかわからない怖さを語った。

ほんとうに自他の区別がつくということは、「自分と他者のあいだに壁がある」ことであり、こころの繋がりが感じられなければ、良い対象との交流がこころになければ、自分と他者がポツンポツンとただいるだけなのだと、そのとき私は実感を伴って理解できたのである。*

理香はそうして、悲惨な家庭での出来事をようやくはっきりと語り始めた。

*ここで私は「彼女のこれまでの病的なありようは『孤独になること』『孤独な自分を知っていくこと』への絶望と不安に対処するものだった」とも知ったのでした。

母親は理香がごく幼い頃から精神病を発症し、入退院を繰り返した。そうして理由なく彼女やきょうだいに暴力をふるった。父親は、勉強のできる彼女を可愛がり、母親やきょうだいを蔑んでいた。

理香は、父親の求める世界に学業で到達しないと、自分が崩壊し、まさに崩壊していると感じていた母親のようになってしまう、と恐れていた。過去に何度か、このまいくと母親と同じ病気になってしまうところを踏みとどまったと、言った。温かな情緒交流は、両親のどちらからも得られなかった。

●　●　●　●　●

理香と会い始めて一年二ヵ月が過ぎようとしていた。再び秋が巡って、太陽の光を受けた紅葉が透き通って見えた。

私は自分が妊娠していることを知った。

私は心底、悩んだ。

女性治療者の妊娠は、心理療法を継続していくうえで大きな問題だ。治療者自身も生身の人間だから、さまざまな人生の出来事に遭遇し、そのつど対応を迫られる。病気になることもあれば、事故に遭うこともある。家族が病気になり看病が必要なこともある。天災や人災に遭うこともあるだろう。女性治療者の場合は、妊娠・出産・育児を経験する人も少なくない。ある意味、育児と同じような側面をもつ心理療法という営みを、自身の妊娠・出産によって中断することは、患者にとっても、治療者にとっても深刻な事態である。

妊娠は、治療者の外見も変えていく。私は、いろいろ思い悩んだ末、半年後にすべての仕事をいったん休止することにした。新生児科や小児科での仕事は、妊娠や出産が予定どおり、予想どおりには進まないことを私に教えてくれていた。

突然、治療者がいなくなるという事態は、患者にとって残酷な外傷体験となる。それは何としても避けたかった。

私との面接が中断し、治療者もオフィスも治療曜日も時間も変わることになる、と私に告げられた理香は、『初めて頼った人がいなくなるのはショックです』と泣いた。

その日から彼女は、遅刻も休みもせず毎週面接に通って来た。

日常では過食がひどくなった。

『自分の感情が悪夢でしか感じられない』と夢を語った。

〈大きな総合病院の診察室にわたしがいて、女の子もいる。女の子はわたし自身だとわかっている。その子は不治の病で歩けない。学校を休んだその子を、両親がボコボコにしている。頭がこんなに飛んでいくほど、ボコボコに殴られている〉

〈ひったくりにあった。お金に困って友達から借りた八万円を自転車のカゴの底に入れておいたら、盗られてしまった〉

これらは、苦しむ彼女に、さらに追い打ちをかける出来事が起き、誰も助けてくれない夢だった。それはまさに、私との関係で彼女に起きていることだ。私も、彼女の不幸に追い打ちをかける人物だった。

私は、そう彼女に伝えた。

『味方が誰もいない感じ』と彼女は言った。

こうして「彼女ではない子ども」と繋がった私は、彼女に外傷を負わせ、母親と同じ精神病の世界に追いやる人物になった。*


*ここでは転移がはっきりと「実在化」されています。

『中断なんて、裏切られた』『子どもなんて、母親を連想させるものは吐きそうになる』『気持ちが悪い。母親には「わたしを中絶してくれ」って思う。今も先生とこの場で二人きりじゃない』『お腹の赤ちゃんを殺してしまうのじゃないか』と激しい怒りを向けられた。彼女は実際に、私の目の前で吐く音を立てた。

その彼女の振る舞いは私に、彼女の母親が精神病を患っていたことを思い出させた。赤ん坊に乗っ取られる不安、殺される不安、バラバラに壊れる不安などさまざまな感情が、母親と彼女のあいだにあったようだと私は思った。それは、彼女を愛しみ、育む気持ちではなかったようだ。

子どもがいる人は「宇宙人に見える」。私が変わっていくことへの憎悪を、彼女は語った。

彼女は、母親が自分を中絶しようとしていたことを*祖母からずっと聞かされ続けていた。「なぜ自分の母親は、このような苦しい生き方しかできない自分を産んだのか」と問うた。私に「なぜ子どもを中絶しないのか」とも問うた。理想的で万能なイメージを向けていた私に幻滅したとも言った。

面接室のなかで私は自分の子どもと繋がっていて、彼女がいつも一人でいるしかな

*母親となる人と胎児とのあいだのやりとりが「母親が乳児と出会う」ときの原型ともなります——※後半：第二章。

いと、絶望を何度も語った。

かつて彼女の母親は、彼女をないがしろにした。同じく私もまた、彼女をないがしろにする人間だった。私は非常な罪悪感と無力感を感じていた。


面接室のなかに留まり、彼女の混乱と絶望と、彼女を置き去りにしようとしている私への憎しみを受けとめ続けることは、どれほど難しいことだったか。

にもかかわらず、逃げ出したいという気持ちは不思議と私には起きなかった。

期間限定でしか彼女の治療者としてはいられないことに、微かなあきらめを感じつつ、極度の疲労に見舞われながらも、中断の最後の日まで会い続けたいという気持ちは変わらなかった。


私のなかに子どもが存在しているのと同様に彼女が存在し続けていることや、彼女のこころのなかに私が小さくても存在するようになってきたことを伝えた。

彼女は肯定し『よく先生ならこう考えるかなと思う』と応えた。彼女は私を、妊娠前から連続している援助者として認識し続けることができているようだった。

理香は、それまで家族の誰もしなかった、母親の障害年金申請の手続きをこの頃にし始めた。母親の病気の歴史と重ねて、自分の生い立ちをたどることを始めた。過去を知っていくことの苦しみと、過去を変えることのできない辛さ、普通に育ててくれなかった両親や家族への猛烈な憤怒、取り替えることのできない人生への絶望、そして私を含め必要な時にそばにおらず、適切に理解しない治療者たちへの怒りを、私にぶつけ続けた。

人は彼女が思っていたようにまったく一人で生きているわけではなく、どこかに他者との温かなつながりがあるのだ、と彼女は気づいた。

そういったつながりを、生まれる前から持ち得なかったという現実を知った時、彼女のこころは激しく痛んだ。

彼女は『なにか、いっぱい詰まった感じがあったり、まったく何もない感じがあって、「今まで自分が野菜だと思って食べていたものが、じつは自分の栄養にはなっていなくて、なにか違うものが必要なのではないか」と思う』と言った。

そこには、食べ物を摂ることと他者との交流が関連していることが言い表されていた。身体の栄養を摂ること。こころの栄養を摂ること。その両方が彼女には得られないものだったのだ。

私の妊娠と治療の中断という外傷から、幸いにして理香は、精神病世界に追いやられることにはならなかった。

私は彼女の相応の怒りと憎悪を包容したつもりだ。バラバラだった彼女のこころに、「時間の感覚」ができ、過去から現在、そして未来へとその存在が連続していることがわかったようだった。

そのことは、勝手に声が聞こえてきた時*や、ぶたれていた時と違って、彼女がほんとうに一人ぼっちであることを知らしめることになった。静まりかえったなかにただ一人、寄る辺のない自分がいることをわからせることになった。「人に頼ることが自分の主体性の場所を明け渡すことなのではない」との感覚をもたらした。

そして、私に対してのみだけでなく、私のお腹のなかの子どもにも、私から愛しまれる彼女自身を重ねて、『応援したい心境になった』と言った。

この最後の半年間は「まるで強化合宿のようだった」と理香は言った。

*幻聴のことです。

寒さのなかに、風が光る。力強い太陽の光で、草木の芽吹きが一斉に始まる。
そんな季節に二人の面接は終了した。

エピローグ

——秘められた体験に耳を傾ける

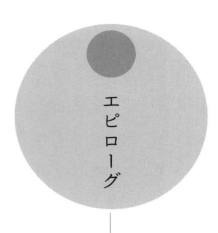

同じ病気や障害を抱えながら、幸せに生きている人もいれば、そうでない人もいるのは何故だろう。

私は、そんな疑問を抱きながら二十年ほど心理臨床を続けてきました。

そして、その答えのヒントは、意外なところから見つかりました。

それは『臨床の知とは何か』*という一冊の本でした。

著者の中村雄二郎先生は、現代社会において見失われているもの、科学の発展の影に追いやられたものを追求しました。人間が人間らしく生きていく上で極めて重要なものは何かを探究したのです。そして、それが人間の体験であること、その人間の複雑で多義的で深層的な体験、すなわち、いのちの営みは「関係の相互性」のなかで捉えられるべきものであると考えました。

私は、この本のお陰で、病気を得た人がその体験を他者との「関係の相互性」のなかで捉えられること、理解されることがとても大事なのだと気づいたのです。

固有の体験は、誰かと交流しながら、その人にとっての真実として理解される必要

＊岩波新書、一九九二年

があり、それが生きづらさを軽減する源になるのだと思ったのです。

◉

こころの専門家の仕事は、一般の人びとからは非常にわかりにくいものです。こころというものが目に見えないためでもあります。

いやそれどころか、臨床心理士や精神科医のなかでも、鮮明にわかっている人は少ないかもしれないと思います。「話をただ聞くだけ」と思っている人も多いのではないでしょうか。「近所の人や友人にだって、話は聞いてもらえる」「愚痴を聞いてもらえば、こころが少しすっきりすることもある」、その程度の仕事だと思っている人が多いのが実情でしょう。

何を聞き、何を見、何を感じるか。あるいは、聞いたこと、見たこと、感じたことをどう理解するか。そこに専門家としての技量が問われます。

共感――その人の身になって感じること。

第一話にも書きましたが、苦悩する患者の思いや感情を積極的に汲み取ろうとすること自体、ひと筋縄ではいかない難しさを秘めています。患者の立場で、その思いにひたすら寄り添おうとしても、それだけではうまくいかないことが多いのです。

患者と私たちは別個の人間だからです。

力になりたい――そんな思いを抱いていても、真にその人のこころを理解し、力になるためには、聴くことの訓練と技術の深まりが必要なのです。

来談に訪れる人びとのこころの内側を公にできない、という事情も手伝って、「一体どういうことが心理療法でおこなわれているのか」「どうして患者が生きづらさから解放されていくのか」は、本当にわかりにくいと思います。

さらに、病気を患う人やその家族のこころについて熟考する臨床家は、がんや糖尿病など特別な病気をのぞいて、まだあまりいないようです。かつては、こころある医師や看護師が担っておられたかもしれない領域です。

私たち「こころの専門家」が担うべきその領域のことこそ、私の描きたかったことのような気がします。人間関係が希薄な、そしてスピードと効率を追い求める現在の日本人にはとても大切な領域ではなかろうかと思うのです。

病気を得ない人はいないでしょう。

近年、日本では医療技術が進み、かつては生命が失われるような病気を負っても、人は生きることが可能になりました。一方で、人が病気を抱えて生きていくことの真の意味や、病気が人びとのこころや生活に与える影響については、あまり意識されてこなかったと思います。救命や延命をすること、あるいは身体の機能を回復することや症状を取り去ることは優先されても、家族のひとりが病気になることによって起きるさまざまな心理的影響を共に考えることは、ほとんどなかったようです。

そうして、病気を負っていても人間らしく生きていくために必要なことが、見失われ、忘れ去られ、ないがしろにされてしまう結果になりました。病いを負った人の周囲で影響を受ける、子どもや家族もまた見失われることになったのです。

病気が人びとのこころに及ぼす影響を考えることは重要です。

病いを抱えた人がどう生きていくか、また病気を抱える人とともに病気を抱えない人がどう生きていくか、ということにつながる問題だからです。特に最早期に子どもが治らない病気を被った場合、その病を抱えながら生きていく道のりはとても長いのです。その子どもを支えていく家族の道のりもとても長いことになります。

救命や延命されることが、必ずしも人びとの幸福を約束するものではないことは明らかでしょう。


病気を抱えながら、かつ幸せに皆が生きていくためには何が必要なのか。

病気は即〝苦悩〟や〝生きづらさ〟と直結します。患者は、絶望し、苦しみ、悩み、不安を抱えながら生きていかざるを得ない状況になります。

周囲の理解が得られない場合は、その苦悩や生きづらさは増幅します。無理解は、患者のこころを蝕むのです。生きていこうとする意慾を削ぎます。そうして、病気という不幸に、さらなる不幸が積み重なる結果となって、患者の人生を圧迫するのです。

そこに、私たち「こころの専門家」の果たすべき仕事があるように思います。私たちは病気そのものを治すことはできませんが、生きづらさは軽減することができます。こころの健康を回復する支援はできるのです。それは、相互交流のなかで生まれる理解を分かち合うことによって紡がれるものです。

私たちは、病気に影響されながら紡いできた人生を、患者から教わります。そうして、私たちは〝共感〟の深みに、こころの深みに、患者によって誘《いざな》われるのだと思います。

そのことを、私は描きたかったのだと思います。

● ● ●

精神分析を創始したフロイトの娘のアンナ・フロイトは、かつてこう述べています。*

生まれた子どもに何らかのハンディキャップがあるとわかった瞬間に、想像からかけ離れた我が子に対して、母親のこころは傷つき、絶望が生起する。そして母親の子どもを持つことへの誇りと喜びに相当な痛手を与える。と同時に、それらの痛手はすべて、子どもにとって必要な母性行動という仕事を疎遠にさせ、またそうであるからこそ、最初に受ける損傷は大きくなる。*

また彼女は、小児科医たちに語りかけます。*

私は、皆さんがどうして事柄のもう一方の側面、つまり治療しておられる真に器質的な障

＊A・フロイト（一九六九年）「ハムズテッド児童治療クリニック」

＊同（一九六九年）「小児科医の質問に答えて」

害が、子どもの心にどうはね返るかに同じような関心をなぜもたれないのか、といつも不思議に思っております。私は、小児科医がより心身症的側面に興味を持ち、身体疾患の心理的影響についてはあまり関心をはらわれないのを、いつもなげかわしく思っています。

次のような疑問があります。たとえば、大きな苦痛と不快を伴う、人生の第一年目の消化器障害を取り上げてみましょう。これは、本来この年齢段階にあるべき食べることの快感を取り去るものです。このことは、子どもの人格に持続的影響をもたらすでしょうか？ 快感があるべき時に苦痛があるのです。消化器管に過度の強調があったことになります。食物へのあるいは充たされない飢餓への強烈な反動を何回も味わったことになるのです。

こうした身体的障害を治療する時にはいつも、同時にそれが心理学的な観点では何を意味するかを問うべきだと思うのです。

一方、イギリスの小児科医で精神分析家のウィニコットは、ある小児病院を訪れて、一回きりの治療相談面接をおこなった時、先天性奇形を患うイーロという少年に出会っています。[*] イーロは、両手両足に生まれつき合指症という奇形を負っていました。学校を休んだり、頭痛、腹痛などの症状がありました。手術をすることに従順で、しかも何度も手術することに固執していたのです。担当の整形外科医はそのことに違和感

＊D・W・ウィニコット〔一九七〇・一九七一b〕。

を抱いていましたが、どうしてイーロがそうなのかについてはわかっていませんでした。

面接の中で、イーロのこころに、奇形の手足を〝正常〟にしたいとの願いが含まれていること、一方で生まれた時のままで愛されることを望む彼自身のこころも伝わってきます。ウィニコットは、そこに言葉で触れました。

そうして、彼の手足に自分と同じ奇形を認めたときの母親の傷つき、誰にも語れずにいた複雑な心境を、後に母親もウィニコットに語ったのです。母と子の双方の生きづらさが軽減された瞬間です。

このように五十年も前にアンナ・フロイトが忠告したこと、あるいはウィニコットが耳を傾けたこと、つまり「早期の病気によって親と子のこころそれぞれに心理的ダメージが起きる危険性」について、そして、養育関係にも深刻なダメージが生じることを、今日の医療現場では考えられてきたでしょうか。私たちは、身体の治療にこころの支援が加えられるべきだと考え、そのようなサポートを十分におこなっているでしょうか。

病気を抱える成人の患者にも必要な、こころの支援をおこなっているでしょうか。

答えは否です。

この本のもとになる論文を書き上げているあいだに、私のごく近しい人が亡くなりました。おおよそ十年にわたって発病を繰り返す闘病生活の中で、その苦悩や不安や絶望を、本人も、また家族も、外科的治療を担う医療従事者に訴えることはなかったのです。耳を傾けてもらえる機会もなかったのです。

どのような病気を抱えても、患者にはそれぞれに「声にならない声」があります。聴き届けられなければならない声があります。それは、その日を生きることの苦悩に、そして、その先にある日々を積み重ねていく、生きづらさに結びつく声かもしれないのです。

とりわけ私たち「こころの専門家」は、そういった声に丹念に耳を傾けるべきではないかと思うのです。

• • • •

本書には、患者のそういった声を載せています。

第一話〈名づけられなかった声〉は、先天性股関節脱臼を患ったその時の状況を、知らず知らずのうちに現実生活で反復していた女子学生の物語です。

先天性股関節脱臼は、脚の付け根の関節がはずれる病気で、千人に一～三人が罹ると言われている病気です。比較的女の子に多いとされます。この病気によって、養育者との関係やこころの発達への影響を考察したものもあるだろうと思い、医学論文を探しました。そして、ごく少ないながらいくつか文献を発見しました。

病気を治すための固定用ベルト*を長期間装着することによって、養育しづらさや、養育者と赤ん坊の自然な関係を構築することの難しさを記載した文献です。固定用ベルトは、場合によっては親子双方の、自然な身体的・情緒的交流を阻むものになり得るというのです。

明日香の、自分の気持ちがわからないゆえの生きづらさも、そこに源を辿ることができます。実際、私の脳裏にその情景が浮かび、彼女のこころへの理解が深まった時が、治療の転回点となりました。

第二話〈絶たれた声〉は、分娩時に緊急事態が起こった母子の物語です。その時、母

*リューメンビューゲルという股関節を固定するための装具です

親にもみちるにも、身体もさることながら、こころにも相当なダメージが起きていました。

保育器は、みちるのように、生まれた瞬間にいのちの危機にさらされる赤ちゃんたちには、なくてはならないものです。いのちを救うための治療がその中で行われます。母親も緊急に処置を受けます。ですが、その医療行為は、母親と赤ちゃんを自然ではない形で引き離す状況でもあります。その過酷な現実が、みちるのこころに、そして母親のこころにどのような影響を及ぼしたでしょうか……。

この母子が、自然な情緒的交流をそれから後ももてなかったことは明らかです。みちるは、その生まれた時と同じような、〝ある場所に一人ぽつんと閉じ込められ、母親を見失う〟という状況を反復体験することになりました。それはとても不思議なことです。

そうして、いわば記憶の彼方に凍結されたその状況が治療場面に現れた時に、治療が前進したのです。

みちるより長期に保育器のなかで育つ赤ちゃんたちが増えています。私たちは、その実態を深刻に考えるべきだと思うのです。そのような体験をせざるをえなかった子どもと養育者の双方に、お互いの気持ちが行き交わないがゆえの苦悩に対する支援をおこなうべきだと思うのです。同胞の寂しさや苦悩にも目を向けるべきだとも思うのです。こころの不幸が重なり深刻な事態になる前に、手当をすべきだと思います。

そういった赤ん坊と家族のこころや関係性に着目した文献は、日本ではごく僅かなのです。

第三話〈出てこない声〉は、幼少期からてんかんのある女性の物語です。病気をもつ自分をありのまま理解し世話して欲しいという彼女の願いは、長いあいだ、親にすら聴き届けられませんでした。

てんかんという病気は、迷信と偏見と誤解の長い歴史をもちます。その昔、ヒポクラテスが脳の病気と捉えたにもかかわらず、未だ理由なく忌み嫌われている病気です。そうして、てんかんとともに生きる人は、この女性のように、病気だけではなく、養育者や他者との関係においてさまざまに苦しむことになります。

その苦しみを、積極的にわかろうとするだけでは、理解できないことがあるのです。

面接中に起きた「発作」を見た瞬間に、私のこころに生じたさまざまな感情は、てんかんの発作を眼前にしたどの人のこころにも生じるものかもしれません。目の前にある〝訳がわからないという恐怖〟から逃げ出したい、そう思うのは自然なことかもしれません。

ですが、その病気を抱える子どもは、病を抱えるがゆえの苦しみと、不安と、恐怖と、孤独を受けとめてくれる誰かが必要です。自分のことを気遣い、世話し、思ってくれる誰かの存在が必要です。そうして、ようやく病気を正しく理解し、病気に立ち向かう勇気ができます。病気を抱えて生きていこうと思えるのです。

二次障害、* それは、知的障害などの障害をもつ患者たちが、障害や病状を悪化させるに至るこころの病理のことです。社会に適応するために、自分の可能性が開花することを阻んでしまう、社会に受け入れられる存在として自ら限界を設定してしまう、そんなこころのあり方のことです。

障害をもつ自分と障害をもたない他者との違いを熟視することは、とても辛く苦しいことです。そして、そこに生じる苦しみや痛みを避け、外界との軋轢を避けるために、病状を悪化させる。

「死んでしまったほうがいいんじゃないか」と真紀さんのように自分につぶやき続けるのです。

病気を抱える人は、「こころの不幸」をも抱える危険性があるのです。

*V・シナソンというイギリスの精神分析家は、一次的な障害に重なる障害をそう呼びました

第四話〈寄る辺ない声〉は、精神病の母親をもつ女性の物語です。

彼女は、生まれる前から混乱の中を生きてきました。自分の命が突然途絶えるかもしれないなかを、辛うじて生きてきました。彼女の環境、特に、本来ならば安定して包み込む、穏やかで温かで受容的な機能をもつべき母親は、病気のために混乱していました。

イギリスの精神分析医ビオンは言います。*

「例えば母親が乳児を愛するとき、何によってそうしているのだろうか。交流の身体的通路は別とすると、彼女の愛情は夢想《reverie》によって表現されている……」。

夢想《reverie》とは、〝もの想い〟とも訳され、母親のこころの状態を表す言葉です。母親のこころが平穏で、赤ん坊が感じていることに敏感な状態で、それらに彼女が意味を与えることによって、赤ん坊は、その感じているものが何かということを意味あるものとして体験することができます。そのような受容的で理解力のある母親のこころを通して、赤ん坊は自分のこころを感知し、自分がどういう人であるのかを体験していくことができるのです。

第四話のなかに書きましたが、精神病の代表的な疾患としては統合失調症が知られています。統合失調症は幻覚や妄想という症状が特徴的です。厚生労働省による調査

＊W・Rビオン、一九六二年

では、統合失調症および類似の診断名で受診中の患者数は七七・三万人とされています。* およそ百人に一人かかるとされている病気です。

幻覚や妄想などの症状があると、現実を知り適切に行動することが難しくなります。不安や苦しさで混乱した自分の内面をそのまま相手に投げ入れようとします。相手のことを考えることができなくなってしまうのです。親がそういう病気を抱える時、寄る辺のない子どもは一体どうすれば良いのでしょう。

理香のように、混乱しながら必死で、なんとかしようとするしかないのでしょう。何が現実なのかもわからないまま、ただ、絶望的に苦しみ続けるしかないのかもしれません。

最近になってようやく、精神疾患をもつ親の子どもの実態に少し光が当たり始めましたが、それでも尚、その壮絶で過酷な人生と苦悩は、闇に包まれたままです
精神疾患を抱える親にも、また、その親の元に生まれる子どもにも、支援が必要なことは、理香の語りを聴けば、明らかだと思います。

* 厚生労働省、二〇一四年患者調査

さて、臨床心理士としての私が拠りどころにしているのは、精神分析という、臨床心理学分野のひとつです。そのなかでも、クライン派やポスト・クライン派と呼ばれる人びとが発展させて来た理論に注目しています。

精神分析の発展は、フロイト以来、人のこころを科学的に捉えようと試みるところから、こころを人間同士の相互交流の中で捉えるものに変化してきました。特にクライン派精神分析は、無意識を含む〝こころの相互交流〟を治療状況のなかで捉え、理解することに努力してきた学派です。ある人がどういう人であるかは、その人の「こころの内側にある対象」との関係が重要であると、この学派は考えています。そしてその関係が、現実世界で他者とどのような関係を結ぶかを形づくるのです。

「幽霊の正体見たり枯れ尾花」ということわざを知っておられるでしょう。私たちは、現実を現実通りに見ているわけではありません。私たちは皆、物事を見たいように見、聞きたいようにしか聞いていないということです。そうならざるを得ない理由があります。それは、それぞれの人の記憶の彼方に秘められた体験によって形づくられます。繰り返される体験の積み重ねによるのです。そうして形づくられた「こころの内側にある対象」との関係は、その人の人生を左右することになるのです。

それを認識することが、真にその人のこころを理解することになります。

病気という実際の不幸な出来事と、病気にまつわる対象との関係が、治療者のこころのなかに情景として結晶化すること。相互交流を通して、その「選択された事実」を理解することが、その人のこころを真に共感することに結びつくと、私は考えています。

それは、おそらく本人でさえも気づかない、こころの奥深くに秘められた情景であるにちがいないと思うのです。

あとがき

この本は、平成最後の年に真新しく誕生した「木立の文庫」から刊行されます。人が人と交わるなかで生じる豊かさと温もりに着目するこの出版社から、私の本が出ることに幸せを感じています。患者さんたちのこころに導かれ、交流しながら教わったことを記しました。私自身が〝共感〟の深みに誘われていった変遷を含んでいます。

編集者の津田敏之さんには、この本の基となった博士論文に丹念に目を通していただき、多くの助言を頂戴しました。そして、一本の小さな研究の木の芽が、次の生命を育む「木立」となるよう、一般書として出版する機会を与えてくださいました。こころから感謝申し上げます。

なお、本書に散りばめられた、こころを写しだすような花の写真は、長年の友人・遠藤美香さんにご提供いただきました。

この小さな本が、病気のあるなしに関わらず、人びとの〃生きづらさ〃の軽減に少しでも役立つことがあれば、望外の喜びです。

すべての方々との出会いにこころから感謝申し上げます。

二〇一九年　五月

村井雅美

著者紹介

村井雅美（むらい　まさみ）

1993年、ニューハンプシャー大学大学院心理学部博士課程中途退学。

帰国後、奈良県立奈良病院こども心療科・NICU科など新生児科・小児科での心理臨床に携わる。

2018年、京都大学大学院教育学研究科博士後期課程（臨床実践指導学講座）単位取得退学。博士（教育学）。

臨床心理士。

日本精神分析学会認定心理療法士スーパーバイザー。

医療法人 岡クリニック（大阪府茨木市）に勤務。

kodachi no bunko

もの想《おも》うこころ
生《い》きづらさと共感《きょうかん》 四《よっ》つの物語《ものがたり》

2019年10月31日　初版第1刷発行

著　者　村井雅美

発行者　津田敏之
発行所　株式会社 木立の文庫
〒600-8449　京都市下京区新町通松原下る富永町107-1
telephone 075-585-5277　faximile 075-320-3664
https://kodachino.co.jp/

造　本　中島佳那子

印刷製本　亜細亜印刷株式会社

ISBN 978-4-909862-07-5　C0011

“声にならない声” しかし聴きとどけられなければならない声がある。その声が「もの想うこころ」に響き、ふたりのあいだで結晶と化す。その模索の道行きは、著書『からだの病いとこころの痛み——苦しみをめぐる精神分析的アプローチ』〔木立の文庫, 2019年〕に紡がれた。

「生きづらさ」と「共感」への眼差し

からだの病いとこころの痛み

苦しみをめぐる精神分析的アプローチ

村井雅美

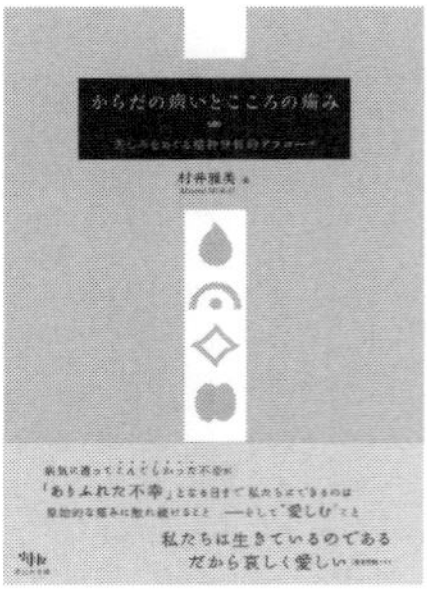

「身体の疾病」は医療で改善できても、もつれてしまった不幸は、人と人の内的な出会いのなかで“こころがつながる”感覚が結晶化することでしか、とりもどせないかもしれません。

A5判上製 248頁　本体 3,600円
2019年10月刊行　『もの想うこころ』との Liaisoning Book